用心經的智慧找回真我

心經解讀系列之一

治心 著

德福出版社 編輯整理

De Fu Publishing

網站: www.defupublishing.com

電郵: info@defupublishing.com

《用心經的智慧找回真我 — 心經解讀系列之一》

Finding Your True Self with the Wisdom of the Heart Sutra

The Heart Sutra Interpretation Series Part 1

作者:治心(Zhi Xin)

繁體版紙本書國際書號 (ISBN):

978-1-922680-12-9

簡體版紙本書國際書號 (ISBN):

978-1-922680-10-5

繁體版電子書 EPUB 格式國際書號 (ISBN):

978-1-922680-13-6

簡體版電子書 EPUB 格式國際書號 (ISBN):

978-1-922680-11-2

繁體版電子書 MS Word 格式國際書號 (ISBN):

978-1-922680-14-3

設計: Risa Liu

插畫: Qirui Zhuang

編輯: 德福出版社

出版: 德福出版社

2022年第1版

網站: www.defupublishing.com

電郵: info@defupublishing.com

　　本書是根據治心老師所解讀《心經》為主題的系列線上直播內容整理編輯而成的。《心經》又叫《般若波羅蜜多心經》，僅260字，言至簡而義至深，是600卷《大品般若經》的核心。就像一個人的心臟一樣，它是佛陀所傳達的資訊裏面最核心的部分。般若波羅蜜多，就是極其完美的最根本的智慧，其蘊涵無所不包，無所遺漏，是一切修行的總綱！

　　治心老師對《心經》的系列解讀可謂抽絲剝繭且生動活潑、幽默風趣兼耐人尋味、究盡宏微又極接地氣，為我們分享了：如何運用這個般若智慧來破開我們人生重重的迷障從而認出、找回我們的真我！如何破除一切幻，讓一切痛苦、煩惱消歸自性，然後再空生妙有起妙用！如何破除我執和法執，跳出一切相對性和是非對錯，不受任何觀念的制約和影響，從而達到最根本的解脫！

　　放眼四顧，古往今來，修行者眾，而修成者似寥寥無多。為何？其中一個關鍵恰是：千萬年來，人們都是帶著小我心智在各種知見裏修行，只是在大腦層面學習經典而形成了一堆所知障，但是從未在實質上啟動觀照般若。我們實質的身心能量振動狀態從未發生變化，表現在我們平常一遇到矛盾和考驗的時候就暴露了自身真實的修為狀態，因此我們的能量振動頻率就始終距離我們所期望的修行大成就者的境界相去甚遠。

那麼即使我們天天在誦經典，甚至把經典倒背如流，我們也依然是此岸的狀態。縱然我們日日坐而論道、揮斥方遒，卻鮮少將能量反觀內照，我們也仍舊在修行的路上進展躊躇。如果我們的觀照般若沒有啟動，反而把修行變成了形式，整天執著於形式，結果死在形式裏，終其一生，一無所成！於是乎，人生短短數十年下來，我們始終無法從後天意識的此岸脫胎換骨到先天意識的彼岸——真我！

重返一切肇始之原點，誠如《圓覺經》所言：一切眾生本來成佛。只是一下子迷了，所以成了眾生。雖然般若智慧人人本自具足，但是現在已然不起作用了。當眾生迷失了自己的本來面目，就如同犯了病。而經典就像是醫生開出的藥方，如果只是抓住這個藥方不放，卻不去用這個藥，病就不會治好。但是如果病都好了，卻還把這個藥留著，這就叫法執。八萬四千法門就是八萬四千種藥方，但是它們只是以文字的形式來記載這個藥方，稱為文字般若，而藥方背後真正起作用的是觀照般若。

　　因此治心老師在書中提供了重要的方法論，就是如何透過經典這個文字般若來啟用觀照般若。只有借助於觀照般若，文字般若才能真正起作用，最終才能達成實相般若，破迷開悟！不安住在空，也不安住在幻，空有不二，這就叫觀照般若。我們要在這種觀照般若的狀態下即空即有，不著在空有兩邊，這就叫不著相。二乘以下的小道一味修無想定，整天著在空裏面什麼事都不幹，這是很消極的。而真正啟用了觀照般若的菩薩大德，都在積極地利益眾生，積極地修福。所以佛法從來都不是消極的，佛法是非常主動非常積極的，是帶著般若智慧主動去追求。不管什麼事情，我們都要不留痕跡、不起執著地去經歷，如此才能夠真正自在！

　　治心老師在書中深入剖析了我們身體的五蘊之障：色、受、想、行、識，以及七層結構之障：肉身、肉身驅動意識、第六意識或後天意識、心意識、靈魂或末那識、超靈體、阿賴耶識。只有瞭解了這個生命的結構、意識的構成之後，才是真正認識生命的開始。萬世以來，多少人錯把自己頭腦中的一思一念當成了“我”，錯把自己內心的情緒感受當成了“我”，於

3

是乎眾生都在這個假我裏面起煩惱，冤枉受苦。大夢初醒，明白了這個生命真相之後，通過般若智慧照見它們，運用它們，及時清空，消歸自性，如此才能真正離苦得樂！

當我們以般若智慧起作用，以先天意識起作用的時候，並不是說後天意識就不要了，這個時候後天意識就成了可被運用的工具，也變成真了。一真就一切真，一假就一切假。所以當找回我們的真我之後，後天意識也變成真了，也變成妙用了。只是在我們丟掉了般若智慧，丟掉了先天意識，只是單一地起用後天意識的情況下，我們才被稱為凡夫。

回溯生命之本初，我們原本是正在啟用這個後天意識的，突然之間一念一迷，我們就以這個後天意識為主，於是一下子就迷了，就開始昏天黑地了！睜眼看世界，已然兩重天。其實，一真法界和十法界是一體的，只是你站在不同的角度看而已。你站在先天意識的角度看，它就是一真法界，你看到的一切都是一真法界，包括地獄都是一真法界。你站在後天意識的角度看，它就是十法界，你看到的佛剎土也不是一真法界，它也是幻，就跟做夢一樣。我們迷也就迷在這裏了，正所謂：一念迷一念覺。你在此岸，就叫迷。你在彼岸，就叫覺。所以成佛不是說你修成佛，你是本然成佛。你只是改變了你看問題的角度而已，你只是以什麼心起作用而已！

滾滾長江，浩浩蕩蕩，治心老師在書中分享了綿延不絕的極其微妙的智慧真理。只有拋開紛擾，靜下心來感受，才不會錯過其中層層的微妙義。然而，除了明理，更要修心，二者不可偏廢。治心老師在書中反復強調修行裏面最需要關注的就是修心性。修心性就是修我們心的能量特性，提高它的振動頻率，提高它的能量級別。也就是用平等心、清淨心、慈悲大愛之心來調整它。這就是實實在在的修行，不修自己這顆心，則空談是浮雲，萬事成蹉跎！

治心老師講經授課的過程生動活潑，時常穿插各種笑話幽默或者日常事物來妙解深奧的經典和引申修行的道理，總能讓人更易於領悟背後的實質和內涵。他把修行比作收看電視，需要對準頻道：如果沒有對準頻道，就算你看一整天的電視，你所要收看的節目還是不會出現。就好比修行人只強調每天做多長時間的功課一樣。你沒讓電視機對準頻道，卻只想換電視機，即使把天下所有的電視機都換完了，你所要收看的節目同樣不會出現。就好比修行人一會兒學這個法門，一會兒學那個法門，聽說哪個地方道場殊勝又跑了，聽說哪個師傅有神通又跑了。整天在外求，卻從未把心用在自己的觀照般若的起用上。修行也一樣，需要調整自己的能量振動頻率，調整自己的心意識狀態。你調整到什麼狀態上，你就能夠對接什麼樣的能量。你對接什麼樣的能量，你就有什麼樣的智慧。我們要不斷地調整我們的身心能量振動狀態，最終和能量最高的本源達成一致，那麼我們就能見到自己的本來面目了！

　　此文對本書內容的介紹實不足以道出其廣博內涵的萬分之一，而本書也僅是治心老師三十六講線上直播內容的前面四講而已。德福出版社將持續努力，將治心老師後續更多的講課內容陸續整理編輯成書以饗讀者。我們專注於分享給人類帶來終極幸福和生命覺醒的智慧，歡迎持續關注！

德福出版社

用心經的智
慧找回真我

代序

應該落地了，別再玩兒虛浮
將衣裝全都脫掉吧，現出你的曼妙身姿
將那雙透明絲襪也脫掉吧
就這樣赤腳深深踩進泥土
讓地氣穿透你的全身，與天陽交合
就猶如一株輕顫的柳絮
跟隨清風舞動水面

如果你感覺沒有歸宿
那就應該早點下地了
在此之前，我也曾和你一樣
雙腳離地，手也很久未摸過鋤頭
鐮刀也已生銹
栽種的手藝全然遺忘
曾經的伊甸園已然不是
蔥蔥綠綠

那麼你耽擱的這些時間
都在幹些什麼呢？難道也和眾多

8

匱乏者一樣，沉迷在
"名利情權"的遊戲裏，感歎人生不易
進而努力修煉各種偽裝法術
在一座座金身前誇誇奇談
毫無半點兒羞愧

直至讀到這部《心經》，才猛然覺得
應該落地了，雖然心地已有些荒蕪
但也無礙。只要開始
除卻雜草，鬆開土壤
加固田埂，播下種籽
然後唱著愛的歌兒等待，等待
雲氣在天空聚集、生成甘露
然後沿著你的頭頂百會
降落

這事兒需要一些耐心，以等待
般若智慧的種子發芽
然後開花，結果
然後繼續等待果實飽滿成熟，然後歸倉
然後轉識成智，將阿賴耶識
迷思之海的所有夢想圓融
以生出一個美妙全新的
三千大千世界

治心

治心老師簡介

　　治心老師，字無遺，號治心。當代詩人、作家、思想家、藝術家、心相家。祖籍四川，自幼歷經諸多奇遇，致其三觀顛覆，進而開始探索生命真相與大道奧秘。後有道家師父不期而至，伴隨數載悉心點化。後又因緣所致修學佛法，迄今二十餘載，精進不止，種種殊勝，無以窮述。最終徹悟生命、宇宙之究竟圓滿實相。現以多重身份與角色演繹其生命之大自在。

　　隨著修行深入，他越是明理越是謙沖，越是懂得越是慈悲。於是明志以力行善道、慈濟大千、無有遺野！祈盼天下迷眾皆得自在解脫，繼而創辦九和九福教育，系統開發包括個人、家庭、社區、企業、學校、政府、民族、宗教、生命等九大板塊在內的全民九階進修課程體系，助力人類早日回歸正道、實現世界大同。

　　治心老師從客觀實相與生命本源出發，站在宇宙乾坤之道與生命圓滿之法的角度，提出徹底解決個人身心、家庭關係、以及各民族不同文化、各國不同執政理念、各宗教不同信仰之間五大矛盾的《九和新學思想》。

　　首創《三大心智語言》生命實相理論體系，研發《造夢藝術》《心相語言》《左右腦平衡教育》與《王者之旅》等系列課程，究極生命運作之奧秘，思想內涵無比深厚。其研發且親授的《九行運命》《九和之家》《九久鴻業》《九智領導》

《九感明師》《九力學子》《九禪內觀》《九療全愈》《九福人生》《生命真相》《眾妙之門》《行住坐臥》《圓覺中道》《心物一元》《大圓滿鏡智》等系列課程涉獵個人身心健康、家庭和諧幸福、事業騰達通泰、人生自在美滿、生命價值成就等方方面面掌控生命自由度的大智慧。

著有書籍《玩出大自在的幸福人生》，該書的中文簡體版、繁體版、英文版現已在全球各大平臺出版發行。

著有詩集《真我如是》，該詩集根據不同主題、思想、內容與風格整理為《無遺集萃》《無遺弄影》《無遺開智》《治心劄記》《治心慧語》《治心禪詩》六分冊，每一冊均以其獨到的視角與獨特的手法從生命的不同角度與層面來詮釋和妙解圓融通達的人生哲理、生活智慧與生命藝術。

治心老師的書法亦是獨具一格，其妙手所化現的彰顯皇家風範與貴族氣質的治心能量體，開內拙之先機，問生命之本有，玩藝術之童趣。

老師的每一幅作品都是在生命本源之威德自在大圓明狀態上書寫、表達、演繹而成，故每一幅作品也都蘊涵著至高的生命能量，盡顯老師所證天地自然、宇宙乾坤之究竟圓滿道法。

作品中的每一個字，猶如一個個鮮活的生命靈動而歡喜，蒼勁而有力，渾厚而通達，豐盛而圓滿，超脫而自在，神聖而莊嚴……富有極高的靈性、美感和神韻，耐人尋味，引人入勝，予人智慧，是提升個人心智與生命能量的絕佳之作，富含深刻的教育意义与文化內涵。

當其作品映入眼簾一瞬，心靈頓被攝受，靈魂深受吸引，所見之人皆深感語言無力形容其作品之穿透與震撼程度，驚奇與嘆服的當下，已然知曉此瑰寶與心靈相通，甚是神奇與高貴，此等靈氣之作，實乃與生命為伴之無價臻品，極具收藏價值。

此為老師透過墨寶在修學者日常生活與工作環境中潤物細無聲地為其柔軟心性、啟迪智慧、淨化靈魂的慈悲心願，亦是老師之所以在百忙中，一直會抽出專門時間為學員量身書寫墨寶的初心所在。

老師將其實證之道高超而精妙地應機示現和隨緣傳授給眾多探尋生命奧秘的求道者，其大智妙用淋漓盡致地體現在講學與生活之中，其天地般寬廣的愛深深地感動著身邊的每一個人。老師慈悲喜捨、深入簡出、隨緣任運，是一位此生若有緣受教，生命便可了無遺憾的大圓滿智慧佈道者。

目

錄

第三講

第四讲

第一節

第  講

透過般若智慧認出我們的真我

【導讀】大千世界的一切現象，無非空和有，概爲有形和無形。執着于有，必將心有挂礙，爲物所累，不得解脱；執着于空，也難免陷于枯寂而無法享用生命的豐富多彩。果真兩難乎？非也非也！整部《心經》講的正是這個空和有之間的奧秘，這裏面的萬千妙用就在于空和有這兩者怎麽樣來智慧地融合。

找到我們的真心，這是我們學習《心經》這部經典的主要目的。我們要借用這個真心裏面包含的大慈大悲之力，這裏面的慈悲力，顯現出來就是觀世音菩薩。所以這部經一開始就講到了觀自在菩薩，這是我們的真心裏面本具的慈悲之力，它顯現為觀世音菩薩。我們的真心裏面也本具大智慧，它顯現出來就是我們知道的大智文殊師利菩薩。除了慈悲和智慧，我們的真心裏面還具大威勢之力，它表現出來就是大勢至菩薩。真心裏面也有大行，所以心之行，即表現為普賢菩薩。我們的真心還有大孝大願之力，那麼表現出來就是地藏王菩薩。這是以五大菩薩分別從五個方面來表現我們本然具足的這顆真心。

這部經將教導我們如何達到明心見性，解脫自我。我們一般凡夫未明此心，煩惱作業，因此受無邊的生死苦。經文裏面講：觀自在菩薩，行深般若波羅蜜多時，照見五蘊皆空，從而度一切苦厄。這部經從根本上要教導我們的是：讓我們找到自己能夠自我解脫的這個真心，也就是如何認識到真實的自己。

如果認識不到真實的自己，那你就很難拯救自己。這部經也要教導我們認識眾生，這樣我們也才能夠幫助到眾生。三世諸佛，也都是透過認識自己然後了脫，也是透過認識眾生來普度眾生。

十方諸佛實質上和我們一樣，是共同一心，共同一智，共同一法身，找到了這個也就知道了自己的本來面目。我們的本來面目被我們後天的妄念、各種各樣的知見所覆蓋，因此我們迷了。所以今天我們共同來學習的，也就是我們偉大的佛陀所啟示給我們的最上乘的智慧。

我們在這裏共同學習這部經，為的就是使我們能夠破迷開悟，明心見性。但是我們是透過經典的文字作為指引，去尋找，去參悟，去回光返照，最終找到真實的自己。那麼這部經的文字裏面必然就包含兩個層面，一個是文字的層面，一個是實質的層面。

《心經》裏面說：觀自在菩薩，行深般若波羅蜜多時，照見五蘊皆空。這裏面講到的就是一種極其深奧的智慧的妙用，它和我們平時講的聰慧不一樣，這裏說的是般若智慧。那麼用般若智慧這個詞，也就是要和我們平時所用所理解的聰慧區分開來。

這部經所講的內涵極其深入，因為在六百卷般若部經典當中，一般有這麼一個說法：把這六百卷經典一濃縮，就是一部五千多字的金剛經。然後把這個金剛經再一濃縮，就是我們今天共同來學習的這兩百多字的心經。由此可見，這部經的內涵是極其深的。而我們今天在這裏學習這部經典，是透過文字而超越文字而發現真我。

我們將會在這樣一個學習的過程當中讓我們逐步地能夠深入明白，這個文字的層面和實質的層面之間的區別。我們知道文字是屬於不定內涵的代號，如果我們只是關注於文字本身，那麼我們就有可能會產生一些所知障。所以我們一邊要透過文字語言，同時又要拋棄這個文字語言。我們一邊在聽這個《心經》的講座，同時又要能夠及時地讓這些語言消歸自性。

首先講這個"觀自在"，這個是很重要的，因為我們都不自在，我們橫豎不自在。但是諸佛乃至於一切明心見性的菩薩們，祂們都很自在。我們之所以要一起來學習這部經典，其實也就是為了自在。那麼我們要怎麼樣才能獲得這個自在呢？實際上《心經》一開篇就已經給我們點到了最核心，就是這個"觀"字，這個"觀"極其微妙。我們在接下來的學習當中會進一步把它分解成若干個層面來分享。

透過“觀”，你就可以自在。也只有通過“觀”，你才能解脫。這個“觀”字就是八萬四千法門裏面最為關鍵的，能夠讓你離苦得樂，明心見性，達成生命的解脫，找到真實的自己。修行裏面最核心的就是“觀”，所以大家要把這個“觀”字先刻入我們的心靈裏面。只要我們能體會到這個“觀”的妙，那麼我們也就能夠通達八萬四千法門的妙。

除了“觀”，這部經裏面還有一個很重要的關鍵就是“般若波羅蜜多”這個極其完美的最根本的智慧。可以說是再也沒有比這更完美的智慧了，所以就叫“般若波羅蜜多”。我們要用這樣一個般若智慧來破開我們人生的重重迷障，那麼這兩個關鍵就體現出來了：一個是“觀”，一個是“般若波羅蜜多”。這兩個關鍵是這整部經的核心，也是整個六百卷經典的核心。

那麼我們要怎麼樣觀呢？這個觀並不是我們平時說的睜著眼睛觀，和我們平時看東西的這個觀的意思不一樣。這個觀就是以我們自己的真心，我們的自心本性，我們本然具足的般若妙智來觀照身心世界。那麼通過這個智慧來觀照身心世界，就可以破除我執，破除法執，以及一切相對性，一切是非對錯，不受任何知見、任何觀念的制約和影響，從而達到解脫。

這裏講“觀自在”，這個“自在”就是自用無礙，沒有阻礙。我們把這個大千世界的現象分成：

一個是空，一個是有。就像道德經裏面講的：故常無，欲以觀其妙；常有，欲以觀其徼。當我們在觀這個有、這個有形的現象的時候，如果能夠不執著於有，那麼我們就能夠自在。同時我們在觀空的時候，也不執著於空，那麼我們就能夠產生妙用。所以這裏面的奧妙就在於空和有怎麼樣來融合。

我們在妙用的過程當中要借助於空，使我們隨時不著痕跡，得大自在大解脫。同時我們又要能夠在安住於空的情況下，能夠享用生命的豐富多彩，能夠產生妙用。這裏面是非常奧妙的，整部《心經》講的就是這個空和有之間的奧秘。如果你只是抓"空"這一頭，是不對的，但如果你老執著於"有"這一頭，也是不對的。所以這裏面大有奧妙，需要我們細細品味，好好參悟。

我們這個心能夠影響到我們的情緒，能夠影響到我們的作為，還能夠影響到我們依報環境的物質，同時這個心和物又可以合成一體。當空和有，有形和無形，沒有間隔，合在一起，能夠達成一種事事無礙、理事無礙的境界，那麼就能夠得大自在。如果我們只是悟空，或者只是悟有，都和這個大自在的境界不相搭調。

一切眾生之所以不能夠興起本然具足的真如自性裏面的般若智慧，安住於空中，同時又在萬千妙用變化當中來體驗生命，就在於我們沒有掌握到這一個完美的般若波羅蜜多智慧的觀照功夫。我們缺乏這樣一種完美智慧的，來自於真如本性的，具有大慈悲力、大勢至力、大行之力、大願之力的這樣一種功用之效，從而使我們迷失了這樣一種本能，所以我們就只好用眼睛來觀察了。

這裏面講到的觀，不是用眼睛，當然也包括眼睛，但是它更深入，就是用我們真如本性本然具足的這種智慧、這顆心來觀。一旦我們丟掉了這顆心，我們只是用眼睛來觀察萬物，我們就會起迷惑。起迷惑之後，我們就會執著於這個有形的現象裏面，從而為物所累。當我們執著於有的時候，那麼心就有掛礙了，那麼也就無法達成像諸佛菩薩們的這種大自在的生活。所以《心經》一開篇就叫我們要學會觀自在。

【導讀】所謂修佛，并不是說要透過什麼方法使我們成爲一個佛，也不是說要透過什麼方法創造出一個佛。實質真相祇是：透過般若智慧，重新認出我們自己本來成佛，認出內在的佛性，也可以說認出我們的真我，認出自己的本來面目。

觀自在就是要讓我們達到一種自在無礙的狀態。一方面，在這個妙用的過程當中，能夠享用生命的喜悅、幸福、美妙，能夠在外境當中豐富多彩地去表達生命、經歷生命，另一方面，又隨時能夠自在解脫。

那麼你要觀什麼？觀外物嗎？當然可以。但是你不能夠只是觀外物之形，你要用一種本然具足的智慧來觀這個物背後的真相。大千世界裏面的一切物，包括山河大地、花草樹木、鳥獸蟲魚，乃至於我們人的這個肉身。我們要觀這個肉身背後的真相。

那麼要觀到肉身背後的真相，我們除了一方面要能夠感覺到我們這個肉身在平常吃喝玩樂當中，有各種各樣的自在妙用之外，同時我們要有一種智慧，知道這個肉身是虛幻的。所以你要明白，這個肉身只是讓我們起妙用的一個工具，只是讓我們來享用人生，分享生命的歡笑、愛，乃至於分享生命創造的經歷、過程以及表達生命的成果、價值等。

肉身只是一個承載我們的心靈，進行生命體驗和表達的一個工具和載體。所以我們要真正地觀，就是觀這個肉身的真相和用途，僅僅是產生妙用而已。我們在這裏面要找到這個真我，找到使我們的肉身起作用的這個真如自性。

而我們平時在迷了的情況下，這個肉身就是個假我。當然不只是我們的肉身，一切花草樹木之身也都只是表達生命的一個存在形象。所以花草樹木也都不是真的，它們只是在表達背後的真，只是借假來表真。

那麼怎麼樣才能夠自在呢？首先得明白真相，同時要找到我們內在真正當家做主的主人。我們把這個宇宙分成內乾坤和外乾坤。這個內乾坤，就是我們這個肉身。肉身裏面真正的主宰，絕對不是我們平時所用的大腦意識。我們平時所用的大腦意識，是由各種各樣的後天知見形成的。在我們啟用大腦意識的過程當中，就容易迷在其中，從而出現恍惚。眾生之所以無明，主要的原因就在於迷在大腦意識這種自我觀念和知見裏面。我們把這個大腦意識的知見稱為妄心，如果被這顆妄心所蒙蔽，那麼真正的主人、真正的本來面目就被掩蓋了。

　　這裏面講到這個觀，主要就是要能夠觀到真我，觀到自性。我們是借助於有來觀空，借助於假來觀真，借助於現象來觀本質。有和無，空和有，這兩者是不能偏廢的。它們必須要完整地融合在一起。實質上空就是有，有就是空。這兩者之間的關係什麼時候能夠真正參透明白，我們也就什麼時候解脫自在。

　　當我們處在無明狀態的時候，我們根本不知道真正的我是誰。我們講修佛，並不是說要透過什麼方法使我們成為一個佛，也不是說要透過什麼方法創造出一個佛。這裏面沒有創造，而只是透過般若智慧，重新認出我們自己本來成佛，認出內在的佛性，也可以說認出我們的真我，認出自己的本來面目。

　　對於這裏面的很多奧秘，我們要非常深刻地在語言之外來細細體會。所以為什麼講經的時候，我的語速特別慢？因為這個講經和平時講課不一樣。平時講課，我們基本上是三七分，就是說表面的思維邏輯這一層占七分，而微妙含義的這種韻味只占三分。但是講經，我們要反過來，要只用三分的大腦思維意識、文字語言，更多的是要運用這個語言使我們去感知到後面這七分的功用，是要把我們引到這個真如、我們的內在，使我們能夠透過語言捕捉到或者是隱隱約約地能夠感受到自己內在的存在性，使我們能夠進入到我們生命的本源、我們的核心。這裏面更多的是在無形的能量成分來感受。所以大家都可以閉目養神來聽，你可以關閉第六識，啟動第七識來聽。當你的第七識在聽的時候，可以一邊讓第六識處於恍兮惚兮的狀態，同時第七識處於非常清醒的狀態。這就代表我們用了更深入的存在來聽了。

觀自在菩薩，這個菩薩就是菩提薩埵的簡稱。我們對菩薩最直觀的感受就是慈悲、利他，從來不為自己考慮，無我。菩薩給我們的感覺就是無我。我們如果能夠透過這樣一個觀，運用這樣一個般若智慧來照，能夠入到菩薩的境界裏面去的話，那麼就能體會到這當中的深義。我們眾生的真如，我們真正的本來面目被後天的執著、觀念所蒙蔽，被欲望所覆蓋，所以不知道自己的真實存在性。那麼我們就要回過頭來，尋找生命的本源，透過一步一步地找回自己真實的面目，勇敢地往回走，使我們的自性顯發出來。

《心經》一開篇就講：觀自在菩薩，行深般若波羅蜜多時，照見五蘊皆空。這一句話就把真相說明白了，就是說我們一切眾生無始劫以來，被自己後天的知見、煩惱把我們這一顆真心，也叫菩提心埋葬了。當我們的菩提心不起作用的時候，那就非常危險了。危險到什麼程度？危險到我們會像一只無頭蒼蠅一樣，在六道裏面被動地周轉不停。所以才導致我們在一切法裏面不得自在，被法所縛。那麼這就是離開菩提心來觀察大千世界，我們就迷在這個大千世界裏面，就為一切有形的東西所束縛，這就是不自在。

如果我們背離菩提心，只是用一個後天的心意識來觀色，那麼我們就會被色所迷。如果我們背離菩提心，用我們後天的耳識來聽聲音，我們就會被聲塵所染，被聲音所縛，也不得自在。如果我們背離菩提心來嗅這個香味，我們也會被這個香所染，為香所縛，不得自在。如果我們背離了這個菩提真心，用我們的嘴巴講話，我們就很容易執著於語言和文字，而陷入到這個語言、文字裏面去，也不得自在。我們背離菩提心之後，用我們身體的感知系統去接觸外物，我們也會受觸塵所縛，也不得自在。

這裏面最關鍵的一個原因就在於什麼？我們背叛了真實的自己。我們背叛自己之後，用一顆假心，用眼耳鼻舌身意這六識來起作用，所以最終我們也是被這六識所捆綁，不得自在。那麼反過來，如果我們能夠背叛我們的六識，重新投向我們的真如自性，重新回到上帝的懷抱，那麼我們也就能重新找回這個自在了，也就能真正地離苦得樂了。

第叁節

一切就看你用什麽心

【導讀】問蒼天，問大地，何爲真？何爲假？真真假假假亦真，假假真真真亦假！假裏哭，真裏笑，迷在幻中恨青天！能否借我慧眼，看清一切虛妄，不再冤枉受苦？反觀內照，驀然發現，原來，一切都是真，唯有自我意識是假！你用假心，一切真都變假。你用真心，一切假都變真。一切就此，了了明明，呈現爲：偉大的真實！

要像菩薩一樣大自在，那麽我們就應該勇敢地拋棄我們的眼耳鼻舌身意，拋棄在後天形成的這些知見、這些是非、這些標準，我們才能夠回到本體。那麽就要達到像觀世音菩薩一樣，無論處在任何環境裏面都能夠大自在。經典裏面講，即使落入火坑，念彼觀音力，火坑變成池。這就是即使在火坑裏面，也照樣能得大自在。如果漂流巨海呢？陷入到大海裏面，念彼觀音力，也能夠做到在水中自在。乃至於遭受王難，念彼觀音力，同樣化險為夷，同樣能夠自在。因為這個觀音之力，能夠讓你橫豎自在，下火海上刀山都能自在。也就是說，地、水、火、風四大元素，沒有一樣東西能夠對你有傷害。

這個觀自在菩薩不但於種種難得的自在當中來表達和體驗生命的這種妙用，甚至於在貪、嗔、癡、慢、疑這五種能量狀態裏面依然保持自在。佛法裏面講煩惱即菩提，貪、嗔、癡、慢、疑的背後依然是真如本性在起作用。沒有真如本性起作用，你想貪也貪不起來。貪、嗔、癡、慢、疑的背後真相依然是我們的真如自性，所以煩惱和菩提是一回事。

我們知道，就光是受持這個觀音聖號達到一定境界以後，就能獲得自在。所以在經典裏面，我們也看到了觀音菩薩的這種自在程度：眾生應以何身得度，祂就現何身為其說法。這是多麼自在啊！這是身自在，眼耳鼻舌身意沒有不自在的。

《心經》之所以是六百卷經典的核心，是因為它就是佛陀所傳達的資訊裏面最核心的部分。就像我們人的心臟部分，它是最重要的。有一些導師說：靈魂是存在的，我是真實的。

但是按照《心經》的境界來講，這個我實際上是虛幻的。佛陀認為：一切都是真實的，身體也是真實的，我們這個桌子、椅子、衣服、花草等等都是真實的，只有自我意識是假的。

這裏面很微妙，什麼都真實，但是這裏面有一個關鍵點是：你用假，那麼就一切假；你用真，那麼就一切真。如果我們用第六識來起作用，那麼所見一切皆假。如果我們用真如，用菩提心來起作用，那麼一切假皆真。所以在這六百卷經典當中，最深刻的一個說法就是：我們到底用什麼？！

如果我們用的是我們的妙明覺性，用的是我們的真如自性，用的是我們的本來面目的真心的話，那麼一切假都變真。包括我們平時做的夢，那也都變真了。如果我們不是用的菩提心，用的是第六識，那麼一切真都變假。我們眼前的世界，假！我們夢中的世界，也假，都是假！所以我們一定要找到我們內在生命的本源。

只要不用我們的後天意識，而用我們的妙明真心，那麼問題豈不是都解決了嗎？但是，這個問題說起來簡單，做起來難！用菩提心，一切假，當下變真。當你用菩提心的時候，你會發現阿賴耶識馬上就沒有時間概念地轉識成智了。但是，當我們用的是第六識的時候，這個第八識，就是這個真如識，也是當下就沒有時間概念地變成阿賴耶識了，就變假了。

所以一切就是看我們用什麼樣的心來起作用，如果用第六識的妄心起作用，它本身是妄的，那麼一切都是妄的。如果是用菩提心來起作用呢？因為菩提心是真的，那麼一切都是真的，夢裏面的景象也是真的。所以大家好好體會，一切就是用真心和用假心的問題。你用真心，那麼就能產生妙用。你用假心，那麼就產生痛苦，產生煩惱。

那麼要如何才能找到這個真心呢？這個工作就比較難，所以釋迦牟尼佛用了四十九年的時間來講法，講給了眾生很多的方便法。他針對眾生各自所迷惑所執著的不同，講了不同的經，但是實質上所有的經都指向一點：你用什麼心，那麼你就是什麼境界。你用菩提心，你就是佛。你用這個六意識妄心，你就是凡夫。也就是用真心，那你就是佛。用假心，那你就是凡夫。用真心，那就是自在解脫。用假心，那就是煩惱輪迴。真心和假心，就看你用哪個心！

那麼誰在用呢？當然是末那識在用。末那識如果依賴第六識，它用的就是假心。末那識如果直接是用了真如菩提心，它用的就是真心。末那識只是個遊戲身，它是產生妙用當中的一個遊戲我。真正的我是真心，而遊戲我是末那識。末那識把六識作為工具用，但是有些時候它也迷，把六識所接觸的景象當真了，把六識的知見當真了，所以這樣一來我們就迷了，而且我們迷得很深！

瞭解人體的五蘊和七重廟是認識生命的開始

【導讀】大腦意識祇是諸多意識構成裏的其中一層，僅僅活在大腦意識裏，則猶如活在虛幻中，不但和生命的真相是完全不同的維度，相去豈止遠在天涯，而且就連近在咫尺的自身，也實則知之甚少。因此，了解生命的結構，了解意識的構成，是真正認識生命的開始。

我們人體有這麼五層障礙：色、受、想、行、識，它們是在我們身上啟用的五大程式機制。那麼首先講這個色，就是我們的身體，色身。色身裏面有一個程式機制，也可以稱為基因。比如我們的牙齒長在嘴巴裏面，它沒有長在我們的手背上，也沒有長在我們的膝蓋上，它長在該長的地方。這裏面是什麼東西讓它長在了該長的地方呢？

就像我們用的電腦一樣，在這個色身裏面，有一個能量場，有一個程式，叫色身程式，也可以稱為基因。它裏面有意識，我們把它稱為身體意識也可以。這個色身之所以成這個相，眉毛不長長，頭髮天天長長，鼻子的兩個孔是朝下的，沒有朝天，它沒有亂長，這些都是因為後面有一個機制在起作用。耳朵也是，它沒有反過來長，它這個招風擋風的、接收聲音的這一面沒有往後面長。腦袋長在上面，沒有長在腳板底。這個色身的一切都長得很有秩序，長得非常科學。所以這個色身背後，是有一個程式的，使這些細胞按照這個程式來堆放。

就像我們修房子一樣，我們有很多磚和水泥，如果你按照工程師設計的圖紙來堆，你就堆成一棟別墅，堆成一棟樓，堆成一個宮殿。如果你沒有圖紙，你可能就堆成一堆垃圾。我們把這些物質稱為能量。如果背後沒有一個程式機制，沒有一個圖譜來堆放這些能量的時候，它們就是一堆垃圾。我們的七情六欲也一樣，如果沒有按照一個很好的圖譜來堆放，那麼七情六欲不但不能夠產生妙用，它們還會成為煩惱，成為包袱。但是，如果我們能夠像畫家畫畫一樣，懂得如何讓七情六欲的這種能量都擺在該擺的位置上，那麼七情六欲就會通通變成妙用。

當你用各種各樣的顏料畫畫的時候，如果是一個不懂畫畫的人，那麼把顏料往牆上東塗西抹，結果畫出來就是亂七八糟的一堆，看上去很醜，你還得想辦法把它清洗乾淨。你會發現，不但這個顏料浪費了，而且還平添了許多麻煩。因為你還要重新把它清洗乾淨，但是卻清不乾淨。這就是說一個心中沒有藍圖的人使用這個顏料，它不但不起作用，而且它還成為一個麻煩。乃至於你把這個顏料在牆上塗得亂七八糟之後，你想清洗都清洗不乾淨。但是反過來，如果你是一個心中有藍圖的人，你是一個有智慧的人，你往牆上東塗西抹的還是這些顏料。但是，你塗抹下來以後，卻成就了一個非常壯麗的圖譜。

這些顏料是什麼？這些顏料就好比是我們的七情六欲，也就是生命能量。生命能量不存在好和壞，只是看你會用還是不會用。如果你是一個畫家，你心中有藍圖，有般若智慧，那麼你就可以把七情六欲演繹成一個非常精彩的生命的藍圖，甚至你可以塑造出生命輝煌的表現。就像一個佛的剎土一樣，你可以把這些能量堆成非常美妙的天國世界。但是如果你不懂這個般若智慧，那麼你就會像一個不會畫畫的人一樣，把這些七情六欲、生命能量堆得亂七八糟的，最後你要清洗都很麻煩。

這就是色、受、想、行、識這五蘊當中的色蘊。這個色之所以能夠堆放成這樣，是因為它背後有一個程式。這個程式也是般若智慧所變化出來的，是般若智慧所起的妙用。

五蘊當中的第二個是受蘊，就是感受系統。比如你觸摸到熱的你會感覺到熱，觸摸到冷的你會感覺到冷，觸摸到堅硬的你會感覺到堅硬，觸摸到柔軟的你會感覺到柔軟。這裏面的感受功能，以及通過眼耳鼻舌身意帶來的不同的感受，其實就是這裏面的程式在起作用，所以受蘊本身也是一個程式。

接下來是想蘊。想也是一個功用，也是我們這個般若智慧的功用。它能夠使我們產生想法，因為沒有想法就沒有大千世界。經典裏面講，一彈指之間，有三百二十兆次生滅現象。這種生滅現象是什麼？就是想，就是念頭。每一個念頭裏面是一個完整體。一個念頭就是一個生命。當然經典裏面有不同的說法，一彈指有六十剎那，一剎那有九百次生滅。不管是多少次生滅，這都充分說明了這個想的功能。這個想蘊既是我們煩惱的根本，也是我們妙用的根本。沒有這個想，怎麼可能有大千世界呢？沒有這個想，怎麼有花草樹木呢？我們看到的花草樹木，看到的大地山河，看到的宇宙星辰，這都是想蘊所成。它也是一個程式機制，它也是般若智慧裏面變化出來的一個妙用。

那麼想蘊之後是行蘊。這個行蘊最簡單的一個呈現就是：我們身體裏面的細胞會自動繁衍，我們身體裏面的呼吸會自動進行，我們身體裏面的血液循環在大腦睡覺停止工作的時候，會自動地進行血液的加工提煉，以及我們的五臟六腑在我們休息的時候，也會自動地按照各自的功能特點進行工作。這裏面的這個行蘊實質上也是般若智慧裏面演化出來的一個程式。它是主管萬物自動生髮、自動演繹的這樣一個功能。

那麼最後一蘊就是識蘊。這個識就是大腦意識，就是具有綜合分析處理功能的這個邏輯思維意識。這個識就是能夠把從阿賴耶識裏面冒出來的各種各樣的想法按照一個程式把它們串起來，按照一定的語法，按照一定的次序來進行思維和表達。比如我講中文，我就用中文的識蘊來表達中文。如果我講英語，我就用英語的識蘊，按照它的語法規律來表達。對於阿賴耶識裏面產生的這些想法、資訊，我們按照一個程式把它們串起來，按照一個次序來演繹。這樣就形成我們說話也好，思維也好，它是有次序的。也就是你說話不可能語無倫次地說，你得一步步有個邏輯往下說。這就是識蘊。其實這個識蘊、這個妙用也是從般若智慧裏面變化出來的。

你會發現五蘊在起作用的同時也在障礙我們。當我們迷在其中的時候，我們就被這五蘊所覆蓋。那麼我們就迷了，我們就因為這五蘊而受苦受累了。《心經》講"照見五蘊皆空"，實質上這空當中也是有的。因為它有程式，它有非常好的程式妙用。就是說空和有，這兩者之間是一體二用。五蘊實質上就是五層的生命運作機制，這五個東西合在一起就統稱為肉身。

除了五蘊的說法之外，我們的身體還有七重廟的說法，也就是七重資訊能量結構。我們第一眼看到的就是肉身，這是物質能量結構。這是第一層。

第二層就是肉身裏面的驅動意識結構。這個驅動意識包括我們身體裏面的各大功能驅動意識，也包括我們剛剛講的想蘊意識、行蘊意識。它們都屬於肉身的驅動意識，這是第二層。

　　第三層就是我們的大腦意識，也就是我們的後天意識，它是後天形成的意識。跟我們大人相比，剛剛生下來的小孩是沒有後天意識的。因為人之所以成為人的標準，就在於有一個後天意識，所以小孩生下來沒有後天意識還不能稱為人。他稱為半神，他是半神半獸。什麼意思呢？就是說他有一半很有靈氣，像神一樣。但是因為沒有後天這部分意識，他的行為表現起來就像動物一樣，所以他屬於半神半獸。

　　而我們人因為有了後天意識，有了這個第三層的後天意識之後，我們就稱為凡夫。為什麼？因為我們丟掉了菩提心，我們的般若智慧不起作用了。當我們只是純粹地用後天意識的時候，我們就稱為凡夫。如果我們不是純粹地用後天意識，我們是安住在真如本性上的，那麼這個時候我們就不是凡夫，我們稱為聖人。也就是說，不是後天意識起作用，而是先天的真如這個般若智慧起作用。般若智慧起作用，就是菩提心起作用，妙明真心起作用，那麼這個時候就叫聖人。而單一的後天意識起作用，那就是凡夫。

　　當你是以般若智慧起作用，以菩提心起作用的時候，並不是說大腦意識就不要了，這個時候大腦意識也變成真了。一真就一切真，一假就一切假。所以當我們找回妙明真心之後，大腦意識也變真了，後天意識也變真了，後天意識也變成妙用了。只是在我們丟掉了妙明覺性，丟掉了菩提心，丟掉了我們的真心，只是單一地用後天意識的情況下，我們才被稱為凡夫。這裏講的就是第三層結構，就是大腦意識。

除了第三層結構之外，我們還有第四層結構，就是我們的心靈。前面講到了，我們人體有身體層，驅動意識層，後天意識層，那麼現在是第四層，叫心理層。這個心理層包括了由過去無始劫以來的造作形成的心意識，乃至於在此茬現實人生中沉入阿賴耶識的心意識等等綜合起來的一個龐大的心能場。我們把它稱為幻心，虛幻之心，也稱為緣心，就是因緣和合之心，因緣和合起作用的這顆心。這是第四層。

接下來還有第五層。第五層就是末那識，我們也稱為靈魂，也稱為精神體。它是從這個真如體裏面分出來的先天元靈。它是遊戲身，是體驗生命的美好和豐富的一個遊戲身。這就是第五層結構。

接下來第六層叫超靈體結構。這個是阿賴耶識裏面覺悟的末那識，它跟我們也是一體的，屬於超靈體。我們的阿賴耶識裏面，覺悟的末那識不進來了，沒有覺悟的末那識才進來。在沒有覺悟的末那識當中，哪個力量最強，就哪個做主人。所以沒覺悟的最強的這個末那識就作為我們肉身的主人了。而已經覺悟了的末那識就作為超靈存在，它是指我們身體裏面明白的那一部分。有時候我們在夢境當中會預知未來，有些解不開的事可以在夢裏面解開，這就是我們裏面的超靈給我們的指導。那麼這是第六層。

還有最後一層，就是我們講的本源，生命本源。也可以把它叫涅槃體，本源體。

【導讀】金剛藏菩薩曾問釋迦牟尼佛：既然一切衆生本來成佛，爲什麽還會有無明呢？假如衆生的無明是本來就有的，爲什麽又說衆生本來成佛呢？假如衆生本來是佛，後來才生起無明，那麽無明又是何時產生的呢？這個秘中之秘，將從這裏開始逐步揭曉！

　　除了色、受、想、行、識這五蘊的說法之外，另外就是這個七重結構體。這個七重結構體包括肉身，肉身驅動意識，後天大腦意識，還有我們的心靈體，就是心靈意識，還有我們的精神體，就是末那識，還有超靈體，還有我們最本源的涅槃體。

　　經典裏面講到，須彌山也是一個七重結構。地球只是我們這個單元世界裏面的一個小村莊，這個單元世界裏面的主人就是玉皇大帝。玉皇大帝就坐鎮在須彌山頂的三十三天的中央國，半山腰又是一層天，然後須彌山腳下是一重香水海。這個香水海無邊無際。當年我們跟一些修行的菩薩們遊戲神通的時候，就是乘那個天鵬鳥跨越了這個須彌山的第一重香水海。這個天鵬鳥扇一下翅膀就是十萬八千里，當時我們就以這樣的速度飛了九天九夜才飛過第一重香水海。那麼第一重香水海過後，週邊是一重金山，這是第一重金山。第一重金山週邊，又是一重香水海。然後這重香水海外面又是一重金山。就這樣，一重香水海之後就是一重金山，總共有七重。七重金山之後就是鹹水海，最後就是鐵圍山。我們是鹹水海裏面一個小小的星球上的居民部落。

所以按照經典裏面描述的這個範圍來講，我們是在玉皇大帝所管轄的這個單元世界裏面的一個小村部落。在我們這個小村部落裏面，今天都有將近80億人口。地球有九大板塊的生命領域，每個板塊裏面都有無數億的生命。我們人類只是地球九大板塊當中的一種，這九大板塊當中的人類目前將近有80億人口。雖然人類數量很多，但也只是相當於一個小村莊而已。

而一個佛遊戲的範圍是三千大千世界。這三千大千世界是從菩提心裏面，般若智慧起作用而演化出來的遊戲場所。你知道佛的遊戲場所有多大嗎？經典講到玉皇大帝所管轄的一個小單元世界都這麼大。上千個這樣的小單元世界才組成一個小千世界，然後上千個這樣的小千世界才組成一個中千世界，最後上千個這樣的中千世界才組成一個大千世界。一個佛剎土就包含了三千大千世界這麼大的範圍。你想一下這裏面有多大，這就是妙用的範圍。就是說，當你找到你的真如自性，當你找到你的真我之後，你的菩提心、般若智慧起妙用的時候，你就是在這麼大的範圍裏面來妙用。如果你只是用後天的大腦意識，你就只能在我們這個小村部落裏面起作用。生命產生妙用的這個境界範圍是有很大差異的，所以你不能夠只是想到空，空裏面還要妙用。空和有這兩者是一回事。空中無有，無妙有，那就是死空，有啥意思？而光是有，沒有空，那就迷在這個小範圍裏面了。

為什麼我們要學這部經呢？我們學這部經的目的就是要透過般若智慧使我們找回我們真正起作用的這個真我，然後就在這個真我上起作用。一個佛的剎土都是一個三千大千世界的範圍了，但是經典裏面講，佛的剎土猶如恒河沙數那麼多，無量無際的佛剎土。而且我們在每個佛剎土之間還可以相互玩，就像我們走親戚訪朋友一樣，我們可以在這個佛剎土玩，也可以到其他佛剎土玩。三千大千世界的所有這些世界磨成微塵數，都沒辦法形容這個宇宙裏面有多少這樣的佛剎土。你想一想，一旦我們找回我們的本來面目以後，我們這個遊戲身能夠體驗能夠經歷的生命妙用將會有多麼豐富多麼富足。這是不可思不可議的！

我們要透過這部經來找到我們本然成佛。是的，我們是本然成佛，只是因為一下子迷在某個遊戲裏面了，只是因為某一天我們本來正在啟用這個後天意識，突然之間一念一迷，我們就以這個後天意識為主，於是一下子就迷了。一迷嘛，就昏天黑地了。從此我們就一直被這個後天意識所捆縛，我們就一直流浪在這個後天意識所起作用的這個六道裏面，在這個小小的範圍裏面流浪，就成為像孤魂野鬼一樣沒有歸宿了。

《心經》裏面講觀自在菩薩，觀自在就是要找回這個起作用的般若智慧。這個般若智慧不屬於此岸的智慧，它是屬於彼岸的智慧。什麼叫此岸和彼岸呢？以大腦意識為主體，這就是此岸。以菩提心、妙明覺性為主體，那就是彼岸。其實我們說把眾生從此岸度到彼岸，說白了是怎麼度的呢？就是把你從後天意識裏面度到先天意識裏面去，這就是從此岸到彼岸。

當你能夠從後天意識的此岸回歸到先天意識的那個真我、那個彼岸，那麼當你回去的那個當下，你就是佛。那個時候就是以菩提心起作用了。當菩提心起作用的時候，後天意識就只是作為一種表達的工具了。那麼作為一種表達的工具，後天意識就轉識成智了。就是它的起用不是以後天意識為標準，而是以妙明覺性、以菩提心為根本起作用。那麼這個時候煩惱就是菩提，這個阿賴耶識也就轉成大圓滿鏡智了。

轉大圓滿鏡智並不是我整天在想：我現在有一個自私自利的欲望，我要把它轉成利他的欲望。其實你就算把它轉成利他的欲望了，它還是屬於阿賴耶識。為什麼呢？因為你起作用的是第六識，那麼第八識就屬於阿賴耶識。你整天在那裏講：我現在要慈悲，我要對人愛。這個愛也是屬於此岸的，也不屬於彼岸，大家好好體會。就是說你只要是以第六識起用，即使你整天說你要愛一切眾生，但是這個愛依然屬於第六識。這個愛好像跟這個菩提心起作用的這個慈悲有相似之處，但是它不是真的。只要是以第六識起作用，不管是利他、無私無我，還是愛、慈悲，它們都屬於後天意識。

我們的第八識有兩個名稱，一個稱為阿賴耶識，另外一個稱為大圓滿鏡智。給它做不同的命名，關鍵就是取決於你是以此岸的意識起作用，還是以彼岸的意識起作用。如果是以此岸的意識起作用，它就屬於阿賴耶識。如果是以彼岸的意識起作用，它就屬於大圓滿鏡智。它們兩者之間就是一個此岸和彼岸的關係，所以我們講轉識成智就是你要從此岸到彼岸。這就要看你是以什麼東西起作用。

經典裏面講，彼岸就是解脫、自由、美好，它是一切神聖美妙的象徵。其實彼岸世界就是此岸世界。並不是說我們這有條河，河那邊是非常美好的，河這邊是很苦的，不是這個說法。你站在此岸看彼岸，那麼彼岸也是痛苦的。哪怕那兒是天國，你在此岸看都是痛苦的。如果你是在彼岸看呢？你在彼岸回頭看我們此岸的這個凡塵世界，它也是美的。為什麼？因為你是站在真如妙明覺性上看的，所以你看到的是一真法界。就是說我們這個紅塵也屬於一真法界，只是你看問題的角度不一樣。你站在此岸的後天智慧上看，那麼這就是凡塵。你站在彼岸的先天智慧上看，它就是天國。

這個世界是一體的，一真法界和十法界是一體。並沒有說一真法界和十法界是分開的，沒有這個說法。它們是一體，只是你站在不同的角度看而已。你站在妙明覺性、菩提心的角度看，它就是一真法界。你站在我們大腦意識的角度看，它就是九法界，就是這個差異。所以修行裏面所有的用功，都體現在這個此岸和彼岸之間的一個過渡。我過渡到彼岸去了，我看到的一切都是一真法界，包括地獄都是一真法界。如果我是在此岸的後天智慧裏面，我看到的佛剎土也不是一真法界，它也是幻。就是說你用後天意識看十法界，看天國剎土，它們都是幻，就跟做夢一樣。但是如果你是站在一真法界的角度，你是站在真如、菩提心、妙明覺性、般若智慧的角度，你是站在彼岸來看的，那麼這個十法界都變成一真法界了。一切就只是看的角度不一樣。

我們迷也就迷在這了，也就是一念迷一念覺。你在此岸，就叫迷。你在彼岸，就叫覺。所以成佛不是說你修成佛，你是本然成佛。你只是改變了你看問題的角度而已，你只是以什麼心起作用而已。你是以妄心起作用，那麼這個妄心就代表輪迴。如果你是以真心起作用，那麼你就在猶如恒河沙數的佛刹土裏面遊戲神通。所以對於這裏面的關係，大家一定要瞭解這個根本！

第陸節 是什麼讓我們脫離了大自在的妙用

【導讀】在人的七層結構體裏面，肉身僅是最表面的一層，然而人整日裏忙碌的全都是圍繞着肉身的各種需求，却從未關注肉身背後的法性。丟掉了這個本然之性，是一切迷的緣起。而執着于這個肉身，到最後一刻來臨時，終將直面死神的拷問。早日覺悟，方能早日達成大自在的妙用！

我們的肉身是屬於最表面這一層，它是在一個後天意識的知見裏面繞圈圈，也就是我們所說的輪回。因為按照大腦意識的認知，我們認為眼前的世界是物質性的，是客觀的，所以我們才把我們的精氣神以及內在的諸多妙用功能，都全部專注在這個肉身上面了。你看我們整天忙碌就是為了自己這個肉身的吃喝玩樂、打扮穿衣，努力賺錢也就是為了讓這個肉身開豪車住洋房，充分地享受各種各樣的奢侈、富貴。很多人就是這樣把我們整個的生命力捆綁和束縛在這個肉身上的，而對於物質背後的這個法性，我們却從未曾關注。

我們只是關注有形的物質，只是抓取這個金錢，只是重視這些看得見的東西，但是我們丟掉了物質背後的精神性。我們看不到物質裏面有個法性，我們也不知道它是怎麼起作用的。實質上，沒有這個法性，那根草就不會成為一根草。沒有這個法性，那棵樹就不會成為一棵樹。沒有這個法性，那朵花就不會長得那麼好看。然而，我們只看到這朵花很漂亮，我們只看到這個美女很好看，我們只看到這個小孩很可愛，但是我們卻沒有看到這背後使其成這個相的這個法性。我們把這個最根本的東西丟了，結果，我們就陷入到這個相裏面了。丟掉了這個本然之性，這就是一切迷的緣起！

當你安住在法性上，你就可以變化。就象觀音菩薩一樣，眾生應以何身得度，祂就以這個法性化出這個身去度他們。如果你是局限在這個有形的物質上，你不在法性上，那麼你就永遠都是這個身，你變不了，你沒辦法得到身自在。觀自在要怎麼自在呢？就是要眼自在，耳自在，鼻自在，舌自在，身自在，意自在，全部都要自在的。你要明白一切有形背後的這個法性。你要知道是這個法性在起作用，而不是這個相。當你安住於法性上，你就是與天地合其德。當你與天地合其德，你就能夠遊戲神通，你就能夠眼耳鼻舌身意橫豎都自在。相反，如果你安住在這個有形上面，你就不可能自在了。

我們身體這個色本身就包括五蘊，但是這五蘊後面，按照另外一種說法，它有七層結構。如果我們只是停留在肉身這一層，那麼我們就著在這個相上了。你要知道這個肉身是怎麼形成的。肉身裏面有一個基因，我們把它稱為色蘊。這個基因在堆放細胞的時候，有的地方堆得密度大，它就變成骨頭了，有的地方堆得密度小，它就變成血液和脂肪了，有的地方堆得不密不稀，它就變成毛髮了。它就是按照裏面的這個基因來堆的。可是，我們不知道裏面有這個基因在起作用，我們只看到基因堆出來的這個相。這個美女或者帥哥的五官長得好，身材也長得好，於是你就在那裏面去著相了。

我們執著於一朵花也是執著。大自然裏面的所有一切都稱為色，就是說它這個形。我們著在形上了，我們就丟掉了它的第一層本質。就是說它背後有一個色蘊，有一個基因，有一個機制，我們丟掉了這一層。你丟掉了這一層，你就丟掉了一個妙用。如果我們能夠合於這一層的話，我們就能夠與天地合其德，我們就能夠以這個法性起作用。這個時候就可以達到什麼？達到自在妙用！

就像做夢一樣，有時候你會在夢裏面想什麼就有什麼，一想就變出來了。其實這個夢和我們的現實是一個道理。就是說當我們能夠跳出被我們定義為物質的這個形，我們就能夠進入裏面，從而掌握一層一層的妙用。色受想行識，這五蘊都是妙用。實質上，它到底是妙用還是煩惱，根本上還是取決於我們有沒有般若智慧。我們有般若智慧，它就是妙用。而沒有般若智慧，只有後天的智慧，它就是煩惱。所以我們一定要覺悟。

我們先從肉身開始觀照，要把它觀幻。因為觀自在菩薩照見五蘊皆空，一切都是空的。空的意思就是說，你的身體無非就象一棟樓一樣，你把這棟樓拆下來就是一堆磚頭。對不對？哪里有這個肉身？沒有。如果你裏面沒有一個色蘊的機制起作用的話，那麼把你那些細胞全部扒下來，那是什麼？你看到的就不是這個肉身了，你看到的可能就是一堆豬肉或者狗肉。

所以我們在觀察萬物的時候，不應該把我們的精力關注在這個外形上。為什麼這個人長得這麼美而那個人又長得這麼醜？為什麼這個人長得這麼柔弱而那個人又長得這麼威猛？你著在這個相以後，你就迷在這個幻相裏面了，因為它的真實性根本就不是你看到的這個相。為什麼？它是有一張圖紙才把這些磚頭堆成這個樣子的，它是有一個基因才把這些細胞堆成這個樣子的，結果你卻被這表面的幻相迷惑了。

當我們處在唯物的觀念裏面，我們會有生死的概念。所謂的生死概念就是肉身沒有了，肉身回歸大地了。其實肉身回歸大地就相當於什麼？相當於這棟樓拆掉了。但是你發現這棟樓拆掉後還是這些磚頭，你又可以另外修新的樓。只是原來這棟樓沒有了，拆下來全都是磚頭、鋼筋。

當我們從形的角度去看，在相上去看，我們就產生了生死概念。就相當於這個人要死了，要換另外一個身體了，你就不幹了。為什麼不幹了？就像拆遷辦說你這棟樓太老了，太危險了，你走路都搖搖晃晃的，還挂根拐杖，給你換一棟新樓吧。結果你不幹，你還哭了。為什麼哭呢？你說你不要新樓，你就是要這個走路都搖搖晃晃的，挂根拐杖的這個樣子。你就執著於這個腐朽之身了。所以說很多人都貪生怕死啊。他們根本就不知道人家把這棟樓拆掉以後，還可以修一棟更漂亮的樓。難道你自始至終就只是在同一棟樓裏面來經歷生命嗎？

肉身只是其中一重廟而已，我們要在七重廟裏面遊戲神通。肉身是一個微觀的內乾坤系統，而這個表面物質外面是一個外乾坤系統。我們是在這裏面遊戲神通，當你這個遊戲神通的場所朽了，該換了，換一下就意味著生死。而我們要看破生死，它不存在，實質上沒有生死。

所以我們要真正研究的是般若智慧。什麼智慧呢？就是你怎麼樣來修很漂亮的樓，你可以修一個駝背的樓，你可以修一個歪嘴巴的樓，你可以修一個象菩薩一樣的妙相莊嚴的樓，你也可以修一個象佛一樣的三十二莊嚴相八十種隨行好的樓。你關鍵是要去研究怎麼樣修這麼漂亮的樓，所以我們要關注的是後面起妙用的般若智慧，而不是執著在這個肉身上。

執著在這個肉身上以後，我們就丟掉了肉身的妙用，而整天忙碌於吃喝玩樂這些世間小事。那麼，這就是一個動物式的境界。因為動物沒有這種智慧，動物只是活在這樣一個肉身裏面。那麼我們人超越動物之處就在於什麼？就在於我們能夠回光返照到這個外在的物質形式裏面的真相。前面講了這個五蘊的真相，如果你能回觀，那麼你就能觀到這背後的真相！

第柒節

演化大千世界的背後真相是什麼

【導讀】這是一個看似很平凡却又很神奇的奧秘：爲什麼我的眉毛一輩子不怎麼長，眼睫毛不怎麼長，而頭髮却天天長呢？同樣是毛髮，爲什麼這個差异會這麼大呢？這裏面一定有一個機制，有一個意識，有一個法。其實，大千世界的一切都是由法所演化的！

我們身體這個內乾坤有七重廟，也就是七重結構體，我們很多人就處於最低的這第一層廟裏面。第一層廟就相當於外乾坤裏面，我們這個單元世界中的鐵圍山這個範圍。另外，我們還活在金山和香水海裏面一重一重的微觀維度裏。我們要從表面往微觀裏面活，這裏面都是妙用，內乾坤和外乾坤的這個妙用是同樣的殊勝。

我們這個凡塵世界有一個規則叫潮不過限。比如說你達到八地菩薩、九地菩薩的境界了，那麼你就已經跳出色受想行識這五蘊的機制約束了。跳出這五個機制約束以後，你就能夠以般若智慧來隨意地演化這個五蘊之身了。那麼這個時候，你就可以在內乾坤系統裏面，在三千大千世界裏面去遊戲神通了。對於我們外在的這個世界來講，我們要遵守的一個規則就叫潮不過限。就是說你不能夠破壞人間狀態，這是對九地菩薩的要求，因為九地菩薩可以隨意演化、變更五蘊之身。祂不在這個五蘊裏面，而是在五蘊的妙用上，所以祂就可以變化無窮，隨時生髮千百億化身，隨時可以在內乾坤系統裏面遊戲神通。只是針對我們這個凡塵世界來說，有這麼一個約定，就是不破壞人的狀態。

　　為什麼不破壞人的狀態呢？因為人這個環境是特別珍貴的一個眾生悟道修行的環境，雖然九地菩薩已經超越了生命的這個業，已經不在業中了，甚至也超越了因果，但是祂也不會違背我們人這裏的運行法則，祂要遵守這個規矩。雖然祂遵守這個規矩，並且用一個和我們同樣的肉身跟我們相處，但是祂的自在妙用可以說是只有祂才清楚。祂跟我們一樣吃喝，跟我們一樣睡覺，但是同時祂的存在範圍是一個三千大千世界的範圍，而不是一個小小的像我們這樣一個書院的範圍。其實八地菩薩也就能夠達到這個境界了，因為祂已經證到了宇宙大身，不是悟到，而是證到，證到了宇宙大身。那麼這宇宙大身裏面就包含了三千大千世界的無量刹土，祂證到了這些，所以這些也就是真實存在的。

　　生死就是個幻相，僅僅是體現在表面這個形的所謂的生死。所以真正明白了這個色身背後的真相的人一點都不怕死，甚至把死亡當成生命經歷當中的一個非常精彩的標點符號。什麼意思呢？就是說他把這個肉身當成一只筆，他是用這支筆來書寫生命的篇章。他一直寫著，直到把這支筆裏面的墨水全部寫完就算結束了，最後就看他把什麼標點符號打下去。如果最後打的是句號或者感嘆號，那就說明他這一生是很精彩的。如果最後打的是逗號或者省略號，那就說明他這一生是有很多遺憾的。那麼這個時候，人們就想重新再來，重新再要一支筆，重新來書寫生命的篇章。但是如果是一個覺悟的人，他就很清楚這個生死的真相。他知道，他是在用這一支筆寫他這一生幾十年。生命的每一篇章都寫得很精彩，寫到最後沒有墨水了，他很高興，因為終於把墨水寫完了，於是一個句號一打就走了。他對生死沒有任何留戀，沒有任何恐懼，來去從容。

　　但是我們一般人對生死有留戀，有恐懼，死的時候是很害怕的，所以這就是一般的凡夫。他就只是活在身體這個相上，叫幻相層。就是說他只是活在這個相上，沒有進入裏面的體。因為他只是在相上，所以就活得很迷。而有的人已經覺悟到身體的第二層了，叫驅動意識層。他發現身體的細胞，血液的循環，以及整個五臟六腑的功能，裏面都有一個驅動意識，有這麼一層存在。那這樣的人對生命的覺悟和看法，就要比那些只是活在這個物質層面的人要豐富得多，所以他看問題要深入得多。當他在欣賞一朵花的時候，他不會只是欣賞這朵花的外形，他是同時在欣賞和感受這朵花背後的生命力。他已經活在比我們更真實的一層上了。他越往裏面走，他從表面的物質形象往裏面越深入一層，他就越接近真相。

　　所以當一個人能夠覺悟到這個肉身無非就是一些細胞堆起來的，就像磚頭堆起來一棟樓一樣。那麼對於同樣這些細胞，我可以把它們堆成一只狗，我也可以堆成一只貓，我也可以堆成一條蛇，我還可以堆成一只鳥。就是說我們要搞懂裏面到底是按照一張什麼樣的圖紙來堆的。那麼當一個人能夠悟到這一層，他的智慧就比一般人要深入得多了。他思考問題，看待現象，他就要明白得多。所以這種人的精神境界也就要富足得多。這種人絕對不會一味地要每天努力存多少錢，存到多少錢以後去買個豪車，存到多少錢以後去法國巴黎買奢侈品，他不會這樣了。因為他已經看明白了，那個太虛幻了，是不真實的。

　　當他越往裏面走的時候，他發現在人的細胞裏面有一個磁場，或者說細胞裏面有一個機制，或者說細胞裏面有一層意識。是的，他發現這裏面有意識。如果細胞裏面沒有意識的話，為什麼我的眉毛一輩子不怎麼長長，眼睫毛不怎麼長長，而頭髮卻天天長長呢？同樣是毛髮，為什麼這個差異會這麼大呢？他就發現了，這裏面一定有一個機制。當他從這個角度來看問題，舉一反三來看問題的時候，他就會聯想到為什麼這朵花長成這樣，為什麼那棵樹長成這樣，為什麼那只鳥長成這樣。這個時候他就開始深入到法上去了，就是說大千世界的一切都是由法所演化的，他就開始深入到這個法的層面了。

【導讀】去廟裏拜佛像，辦個皈依證，找個出家師傅，即使整天念皈依佛皈依法皈依僧，這些都祇是走形式，而不是真皈依。以真我意識起作用，才是皈依佛。以後天意識起作用，則是皈依凡夫。皈依大千世界一切表現背後這個變化無窮的妙用，才叫皈依法。皈依到不受後天知見、是非觀念濁染的這種生命形態，才叫皈依僧。

我們很多人都在講要皈依佛，皈依法，皈依僧，但是我們是否真的瞭解背後的內涵呢？皈依佛不是說要找一個佛來依靠，佛不是老闆。還有的人跑到廟裏去拜佛像，就認為自己皈依佛了。這些都是迷信。那麼這裏面講的皈依佛到底是皈依什麼？實質上就是皈依你的本來面目，皈依在這個菩提心上，皈依在這個真心起作用的狀態上。

如果你是真心起作用，菩提心起作用，那麼你就是皈依佛。如果你是第六識起作用，那麼你就是皈依第六識。你認為你已經皈依佛了，那麼你現在就應該是以菩提心起作用了。為什麼還在用大腦意識起作用呢？這就說明你沒有皈依佛，你皈依的還是第六識。很多人都說自己皈依了，但是我知道，你皈依的是眼耳鼻舌身意，你皈依的是後天意識，你並沒有皈依佛。所以這種所謂的皈依佛只是一種自我安慰而已，你並不知道皈依佛的真相是什麼。

甚至有的人要皈依什麼師傅，要找個師傅來皈依。那個師傅又不是妙明覺性，你皈依他幹嘛呀？你皈依這個師傅就是皈依這個形象而已。看哪個師傅長得莊嚴你就皈依他，那不就是皈依這個形象嗎？這些皈依都是錯的。真正的皈依就是皈依到彼岸意識上，皈依到真我意識上。這個叫真皈依，這就是皈依佛的意思。

除了皈依佛，我們還要皈依法。有些人整天在念皈依佛皈依法皈依僧，但是又不知道啥意思，念完以後還是等於沒念。為什麼？你自己都不懂那個意思，你認為你跟那只鳥兒念的時候，它就懂了嗎？我看到很多人在給一些死去的動物超度的時候，反復在念皈依佛皈依法皈依僧。我就覺得，念的人都沒有皈依，卻叫人家這些死去的動物皈依。這只不過是自我安慰罷了，這只是六意識的想像。有的人在寺廟裏面皈依，那裏有專門辦理皈依的地方。舉行一下儀式，然後給你發個證書，就證明你已經皈依佛皈依法皈依僧了。你認為那個證書就能證明嗎？這是不可能的。

你皈依彼岸，皈依真我意識，以真我意識起作用，你就是皈依佛。你以後天意識起作用，你皈依的就是凡夫。皈依法就是皈依大千世界裏面的這個遊戲法則，大千世界裏面的這個遊戲法則就是法。有這個法就有這棵草，有這個法就有這條魚，有這個法就有這只鳥，有這個法就有這棵樹，有這個法就有這座山，有這個法就有這條河。大千世界的一切表現背後都有一個法，皈依背後這個變化無窮的妙用就叫皈依法。你說你現在皈依法了，那你有沒有無窮的妙用呢？如果有無窮的妙用了，那麼你就皈依法了。

　　很多人皈依了以後，死氣沉沉的，傻呆呆的，那就沒有皈依法。沒有般若智慧的妙用，就不叫皈依法。皈依法就是皈依妙用，皈依生命萬千妙用的這種變化。這不是一個簡簡單單的名詞在那兒念念就完了。所以如果你想學懂《心經》，就一定要超越文字進入實質。你如果只是在文字上來學文字般若，那沒有用，因為你連那個法到底指向什麼都不知道。

　　最後一個是皈依僧，皈依僧就是皈依淨。什麼叫皈依淨呢？就是第六識的後天染濁不起作用就叫淨。你能讓你的後天意識不起作用嗎？如果能夠讓後天意識、後天知見不起作用，這就叫皈依僧，也叫皈依淨。就是說，不受一切濁染，就叫皈依淨，就是歸於純淨的、沒有被濁染的狀態。那麼這種沒有濁染的狀態是什麼？就是《心經》中講的"照見五蘊皆空"的狀態，這個空就是淨。就是說你皈依這個空，也就是皈依淨。

你皈依空，也就是代表皈依僧。為什麼叫皈依僧呢？因為僧人是進入空門的代表，所以入了空門就說皈依僧。皈依僧就是皈依空，皈依淨，就是超越這個後天知見，超越這個後天是非。但是我們有時候把這個皈依僧理解成皈依某個出家師傅了，因為你認為他是出家僧人，所以你就皈依這個僧人了，這是錯的。只有真正皈依到不受後天知見、是非觀念濁染的這種生命形態，才叫皈依僧，才叫皈依淨。不受一切濁染、影響，才是真皈依了！

第

貳

講

與真如自性脫離是一切痛苦的緣起

第壹節

如何掌握這個空和有之間的奧秘

【導讀】我們要一邊在安住于真如自性的狀態下，同時一邊來演化妙用。但是產生妙用之後，又要及時地消歸自性，這樣我們才會真正地自在幸福快樂。研究透了這個空和有之間的奧秘，即可進退自如，如來如去，去留無痕，橫豎自在，實乃人生無價之真實！實乃美妙萬千語難訴……

我們前面講到《心經》的"觀自在菩薩，行深般若波羅蜜多時，照見五蘊皆空"。這裏面這個"觀"字和"般若波羅蜜多"就把《心經》的宗旨以及八萬四千法門一切修學的宗旨都說出來了。一切修學就是這兩個重點。這個觀是什麼？就是又見。又見什麼？又見我們的真如本性。也就是我們自己本然具足的本來面目，我們迷失了，然後我們通過觀，又見到了。而般若波羅蜜多呢，它是最完美的智慧了。它之所以完美，是因為它包含空和有。說空不空，空起妙用，空起妙有，演妙歸空。就是說般若智慧把這兩者都非常完美地融合在一起了。

講到觀自在，我們如何才能夠自在

51

呢？我們要用般若智慧，照見我們的本然狀態、我們的真如自性，我們才能夠真正地自在。所以不觀，就無法自在。那麼這種觀要達到一種什麼樣的狀態才能夠自在起來呢？就是在又見我們的真如，又見自性本質，又見妙明覺性，又見菩提心，又見道的狀態下，我們安住在這個道上，那麼我們就自在了。但是，說空不空，空起妙用，演妙歸空。這裏講到一個演妙，就是說在空中要起妙用。我們要一邊在安住於真如自性的狀態下，同時一邊來演化妙用。所以，空，並不是完全地空掉一切。

網上有一個笑話：有一只吸血的蝙蝠，有一天它渾身沾滿了血，回到了家裏。然後眾蝙蝠們都很羨慕，就問：你在哪里弄到這麼多的血啊？因為蝙蝠是吸血的，就像我們出去掙錢一樣，能掙到很多錢就是成功，所以吸血蝙蝠能出去找到血也就算成功了。今天這只蝙蝠渾身都沾滿了血，所以大家都問它是從哪里找到這麼多血的。於是它就把大家帶到一棵大樹旁邊。它問大家：你們看到那棵大樹了嗎？所有的蝙蝠都說看到了。然後它接著說：我剛才就是沒看到，所以撞上去就成這樣了。這就是它撞得頭破血流的原因：沒有看見那裏有一棵大樹！

我們作為萬物之靈的人，也經常碰得頭破血流。原因是什麼呢？原因就是我們沒有看見那棵大樹。那棵大樹是什麼？那棵大樹就是我們為什麼會迷的原因：執著一個我，有我執，還有法執。這就是讓我們產生煩惱的那棵大樹。所以我們要求得解脫就要通過《心經》的般若智慧使我們照見那棵大樹，從而不至於讓我們為了尋找幸福而最終碰得頭破血流。

還有一個笑話：有一個男孩叫小彼得，他很自豪地告訴他的朋友們：我的叔叔是一名神父，所有的人都尊稱他為神父。然後他的朋友小保羅說：我的叔叔是教堂裏面的主教，所有的人見到他以後都尊稱他為閣下。然後小約翰在旁邊不服氣了，他說：這有啥了不起的，我的叔叔體重150公斤，所有的人見到他都喊我的上帝！

這是一個笑話，但關鍵是我們真正的上帝在哪里？如何找到這個上帝？因為在上帝的這個境界裏面，祂是無所不能的。如果我們能夠進入到上帝無所不能的這樣一種生命形態上，我們不也都自在了嗎？其實，我們這個真如本性、真如自性，才是我們一切眾生真正的上帝。我們只有找到這個上帝，也就是重新通過觀，又見自己的本然面目，如此才能真正大自在啊！

說空不空，空起妙用，然後演妙要歸性，這樣才能自在。我們前面講到了人有七重能量結構，也把它稱為七重廟。第一重是指我們這個肉身，物質肉身。然後第二重就是身體裏面的各大功能驅動意識。那麼第三重是大腦意識，也叫第六意識。這是專門製造虛幻的一層假的結構。它是假的，但是它恰恰也是妙用的非常重要的體現。我們的肉身是處在這個被稱為幻相的世界裏，在第六意識的造作之下形成諸多的感受，因此我們從小就受到大腦觀念乃至於後天教育的影響。

我們在這樣一個特定的時空範圍裏面，遵循這個時空的特性，遵循這個時空人的文化、風俗、禮儀、交往的方式等等，這只是進入無窮妙用裏面的其中一個層面。這樣的妙用層面在這個十法界裏面，在這個宇宙當中，是無可計量的。我們從經典裏面就知道，佛剎土猶如恒河沙數那麼多，你就是把三千大千世界這麼大範圍裏面的星球全部磨成粉末，也沒辦法來形容這個佛的剎土在這個宇宙當中有多少。每一個佛都有一個自己的剎土，而一個剎土的範圍就是三千大千世界的範圍。

我們前面也說到了，我們一個很小的地球，就有九大板塊的眾生。而我們人類是其中一個板塊的眾生，目前人類的數量大約是七、八十億人。如此之多的眾生共同居住的這麼一個地球，在我們玉皇大帝管轄的範圍裏面，僅僅是一個小村部落而已。而玉皇大帝管轄的這個範圍只是一個小小的單元世界，那麼上千個這樣的單元世界才能形成一個小千世界，然後上千個這樣的小千世界才能形成一個中千世界，然後上千個這樣的中千世界才能形成一個大千世界。而一個佛的剎土就是這三千大千世界的範圍。

在每一個小單元世界上，眾生的生活方式、特徵以及那裏整個時空的特性、整個眾生的文化，都不一樣。就是說一個小千世界裏面就有一千個不一樣的單元世界，而每一個單元世界裏面就有無數的生命差異體現。這樣算下去的話，你想想，三千大千世界裏面包含多少這種星球呢？這裏面又包含多少生命呢？這無計量的生命也都在不同的時空、文化、特性、風俗等等裏面來經歷他們自己這一生。那你就可以想一下，從宇宙裏面產生出來的這種妙用是多麼的豐富多彩！所以為什麼說空不空，空起妙有，而又演妙歸空？我們演化演變，產生妙用，但是產生之後，又要及時地消歸自性。這樣我們才會真正地自在幸福快樂，這裏面有非常微妙的東西要靠大家慢慢去體會。

【導讀】我們後天形成的大腦意識是我們在這個時空生活所必備的，是從空中起妙用來使我們經歷不一樣的感受和滋味，也是生命的豐富多彩在宇宙當中的一種體現。然而衆生的煩惱就在于：我們熟悉了這個時空的游戲規則以後，就開始對它們執着了。一旦執着以後，它們就成爲一種所知障把我們障礙住了，我們也就永遠被限制在這樣一個有限的範圍裏面循環了。這個循環的另外一個名詞就叫輪回！

有一個笑話：這個秋天快要結束了，有幾個印第安人來到巫師那裏。因為大家都相信他是很有智慧的，所以他們都喜歡過來向他請教一些問題。這一次來請教的是：今年的冬天到底會不會冷？巫師告訴他們說：對，會冷的。於是大家就開始忙碌著去收集木材作為過冬的燃料了。但是每天都有人來問他這個問題，他也都這樣隨口就回答說會冷的。直到有一天，他開始有點心虛了。他心裏想：如果只是一兩個人問我，我說錯了還無所謂。但是現在這麼多人都來問我，如果到時候這個冬天不冷，他們豈不是說我信口開河嗎？這個巫師越想越心虛，於是他就打電話去向氣象臺諮詢。沒想到氣象臺的工作人員馬上就回答說：當然會冷啦，你沒有看到那麼多印第安人正在瘋狂地收集木材和燃料嗎？

這個笑話特別有涵意。大家想想，這些印第安人之所以要去收集木材，是從巫師那裏得到指引說今年冬天會冷。然後巫師因為心虛想到自己的判斷不一定正確就去問氣象臺，而氣象臺則因為看到有很多人收集木材，就以此為依據說今年冬天一定會冷！你發現了嗎？我說這個笑話的意思其實就是在講我們的這個後天大腦意識。

後天大腦意識的工作機理基本上和這個笑話裏說到的情況相類似。它是靠記憶運作的，它是一種過去意識、非客觀意識，它是靠一個邏輯綜合分析能力進行工作的。這就是我們的第六識。實際上，我們這個大腦意識的一個特點就是：它靠記憶運作。當它認為什麼東西是對的，它就吸收進去，然後就把它作為一個判斷是非對錯的標準。實質上，這個大腦意識在很多時候甚至都不通過分析就開始接受外來的東西了。只要別人打著對自己好的旗號，比如說會讓自己掙很多錢，會讓自己變得漂亮、健康、聰慧，只要憑藉這種理由、噱頭，那麼這個大腦意識幾乎不怎麼分析就會開始接受這一切外來的知識和資訊了。因為反正沒有壞處，如果萬一別人說的真有好處的話，那我就賺了。這就是我們大腦意識的一個基本的傾向性。

　　幾乎從生下來開始，一個人就以各種各樣的方式被灌輸進了很多人的觀念。那麼這些人的觀念、人的思維、人的知見、人的知識，人的概念，以及你通過自己的分析總結出來的所謂的對和錯，都是首先被你假設或默認為正確的，然後才灌輸進大腦當中的。你從嬰兒時期開始，一直到長大成人，也都是在假設一切對我有好處，一切都是正確的這種狀態上，來將所有這些外來的東西灌輸進大腦當中的。因為你得首先假設它是對的，然後你才會灌輸進大腦當中。如果你明明知道它是錯的，比如說一個人要送你一張一百萬的支票或者送你很多黃金，但是你感覺到他可能會害你，那麼你就不一定會接受了。而如果那個人說了是為你好，那麼哪怕給你的是虛幻的東西，你可能都會接受。所以我們在很多情況下都是首先假設它對我有好處，假設它是正確的，然後我們才將之作為判斷是非對錯的標準，以及我們未來人生的指導原則。這就是我們這個時空的特點。

　　我們在這個時空生活，要有一個第六識，要有符合這個時空的文化特性的一整套東西。這是讓我們在這個特定的時空狀態裏面，來經歷不一樣的生命感受和滋味，這也是生命的豐富多彩在這個宇宙當中的一種體現。那麼我們要到這個時空裏面來經歷這幾十年，我們就要裝進去一些知識，裝進去一些所謂的判斷是非對錯的標準。這些就是從空中起妙用來使我們經歷生命的一個必備條件。就像我們小孩玩遊戲，你要玩哪一個遊戲，你得首先熟悉這個遊戲的規則。你熟悉了這個遊戲規則以後，你才能夠很正常地進入到這個遊戲裏面去玩。所以我們學習後天知識，實質上也就是熟悉這個時空狀態裏面的遊戲規則。我們掌握了這個遊戲規則之後，我們才能夠更好地參與社會事務，參與這裏的人生當中的各種各樣的生命經歷，乃至於我們透過這個時空狀態所呈現的一種生命價值的綻放，僅此而已。

我們後天形成的這些大腦意識，是這場人生遊戲所必備的一個東西。我們一邊經歷它，一邊運用它，同時我們一邊還要看破它。這個就叫演妙歸空！我在演化、演繹這個非常美妙的用途，但是同時我在經歷過後，我就隨時隨地把它消歸自性，沒有執著。而我們眾生的煩惱就在於：我們進入到這個時空狀態裏熟悉了這裏的遊戲規則以後，我們就開始對這些遊戲規則執著了，我們就開始對這裏的狀態執著了。一旦執著以後，這些東西就成為一種所知障把我們障礙住了，我們也就永遠被限制在這樣一個有限的範圍裏面循環了。這個循環的另外一個名詞就叫輪迴！所以我們很多時候都只是在抓取一些虛幻的東西，這種虛幻的東西也是一種妙用，但是你要有般若智慧隨時能夠看明白這種虛幻。

【導讀】大腦意識是在這一生形成的知見意識，而心意識是生生世世形成的，它表現爲七情五欲，表現爲我們平時的一些心理感受。萬世以來，多少人錯把自己頭腦中的一思一念當成了"我"，錯把自己內心的情緒感受當成了"我"，于是乎衆生都在這個假我裏面起煩惱，冤枉受苦。大夢初醒，明白了這個生命真相之後，通過般若智慧照見它們，運用它們，及時清空，消歸自性，才能真正離苦得樂啊！

有一天晚上，阿凡提去打水，看到了井裏面有一輪明月。他感到很吃驚：哎呀，這麼可愛的月亮怎麼就掉到井裏面去了呢？於是他就趕快跑回家去拿了一個大鐵勾，並在鐵勾上綁了一根繩子，然後就把這個鐵鉤放到井裏面去，想把月亮撈起來。在撈的過程當中，這個鐵鉤就剛好鉤住了井底當中的一塊石頭。阿凡提就想：哇，終於把這個月亮鉤住了。我只要使勁用我全身力氣往上拉，不就把它撈上來了嗎？然後他就使勁地往上拉，突然間繩子斷了，阿凡提仰面朝天摔倒在地上。這時候，他躺在地上一看，原來月亮就在天上呢！

　　我們有時候自以為看到了所謂的真相，實際上是看到了井裏面的月亮，其實是個假東西。所以眾生都在假裏面起煩惱，眾生都在假裏面冤枉受罪受苦。因為我們不知道：我們在這個時空裏面，無非就是一次生命的經歷，無非就是一次生命的演繹，無非就是生命在特定狀態的一場遊戲而已！但是我們把這一切當真了，我們和這個宇宙的道，和菩提心，和妙明覺性，和我們的真如理體，和我們的本來面目之間，是不搭調的。因為一個是真實的一個是虛幻的，一個是對的一個是錯的。

　　我們經常用錯誤的標準、錯誤的知見，我們就經常會錯意，就是把天地宇宙之意會錯了。所以我們按照自以為是的狀態去尋找幸福，結果沒有幸福。我們按照自以為對的方式去做事，最後證明是錯的。這就是對我們這個人生處在迷中的狀態看不清楚，這就是會錯了意。

　　有一對新人在教堂裏面舉辦婚禮。這時候婚禮進行到了一個環節，就是雙方相互交換戒指。這個新郎因為第一次結婚，沒有經驗，有點緊張，居然搞忘了這件事情。然後主持儀式的這個牧師很著急，就向他示意要換戒指。牧師把指頭豎起，不斷比劃著這個套戒指的動作。新郎臉都紅了，牧師看他沒有行動，就繼續著急地向他示意。最後新郎終於鼓起勇氣說：牧師，這不是要晚上入洞房才幹的事嗎？這就是會錯了意！

　　我們經常會錯意，就是因為大腦意識是處在幻相裏面的，所以它所判斷得出的結論經常都是不真實的或者是錯誤的。當我們太過於看重大腦第六識的時候，我們就會在這樣的知見裏面活得很虛幻。關於這部分的內容，我們之前在《了凡智慧》的系列課程裏面已經講了很多。就是說關於我們的大腦是一個什麼樣的特性，我們之前已經講了很多，所以這個地方我們就不展開講了。

　　我們人體有七層結構，其中第三層是大腦意識，就是後天形成的知見意識。這些知見也會融入到阿賴耶識裏面去，成為彌漫我們整個身心的一層。那麼這就是第三層，它是一種障礙。當你迷在這一層裏面，你就被這些知見所捆綁，你就沒辦法見到真相。你要知道它是幻相，它僅僅是為了遊戲的需要而具備的這樣一層意識。如今你知道它了，那麼我們就要用這個般若智慧及時把它清空，及時把它消歸自性。我要用這個後天大腦意識的時候，我就用它；我不用的時候，我就讓它在一旁不起作用。這就是我們身體的第三層。

　　下麵我們來講這個第四層。比如一個男人對一個女人說：我愛你。女人問：你哪里愛我？男人說：我的心愛你。另外，我們也經常聽到有人說：我現在很難受。你問他：你什麼地方難受？他說：我的心難受。所以我們這裏就講到了這個

62

心。我們有關於喜怒哀樂等等情緒狀態的這樣一層結構，我們給這層結構命的名字就叫心。它包括七情五欲，它們都屬於這個心的範圍。七情大家都知道，五欲就是財色名食睡。我們對五欲的貪著就會影響到我們的人生狀態。

這個心和大腦意識不一樣。大腦意識主要是後天形成的知見，包括我們這些知識等等。上面講到的這個第四層被我們稱為心，實際上這個心是顆假心、緣心、虛幻心。被我們稱為心的這一層結構是生生世世就形成了。這一層結構包含七情五欲，包含我們生生世世形成的、造作的這些業障，它們綜合起來的這麼一個作用就稱為心意識作用。這就是心的意識，叫心意識作用。這個心意識不管是後天形成的還是過去生當中形成的，它都是表現為七情五欲，表現為我們平時的一些心理感受狀態。實質上它也是一個妙用神奇的存在體。如果你能夠通過般若智慧照見到這個身體的第四層，那麼你就會知道你的情緒是怎麼來的，你就會知道你為什麼一會兒高興一會兒又悲哀了，一會兒憤怒一會兒又恐懼了。即使沒有受到任何人招惹，為什麼有的人會莫名其妙地感到痛苦？即使沒有經歷任何不順，為什麼有的人會莫名其妙地厭倦生活、心態消極？當你能夠通過般若智慧照見到這一層的時候，你就會知道這種心理感受是怎麼產生的，它背後是一個什麼樣的運作機理。

　　還有的人從生下來以後，爸爸媽媽就一直愛著他，他也從來沒有經歷過任何外在的恐嚇，可是為什麼他心裏面會整天莫名其妙地感到很恐懼呢？我們生活當中有很多這種情況，甚至有的人還有家族的遺傳。比如家族中某一個已經去世的祖輩有強烈的內疚感，總是莫名其妙地感到很內疚。這個人已經去世多少年多少代了，然後他晚輩的某一個小孩生下來，這個小孩生下來就帶這種內疚感。這就是心意識所起的作用，因為這裏面沒有後天的東西。我們要通過般若智慧去破解它，所以這個般若智慧是真正能夠讓眾生離苦得樂的智慧！

第肆節

一切就看靈魂啟用什麼

【導讀】靈魂是從真如裏面派生出來的一個游戲我,是來體驗生命的。我們把它稱為末那識,也叫第七識。而眼耳鼻舌身意這六識原本是拿來妙用的六大功能,但是在這個過程中,靈魂迷了。如果靈魂一念迷,啓用的是第六識,那麼就是眾生。如果靈魂一念覺,啓用的是真如理體,那麼就是佛!

有的人從小就心裏有問題,然後在成長的過程中他的運氣也很倒楣。在沒有用般若智慧來觀照的時候,我們一般都認為這種情況是一種業障,過去世的業障。但是當你更清晰地去區分它的時候,你就會發現它有時候還不完全是這樣。我們知道業分成善業、惡業和無記業,就是說一種善的業識能量,一種惡的業識能量,以及一種不好不壞的業識能量。我們一般的理解就是說惡的業識能量會讓人痛苦,會讓人倒楣。但是事實上當我們用般若智慧來觀照的時候,我們發現人世間也有因為善意而讓人倒楣的這種情況。就是說一個人的出發點是善的,其能量的出發點是善的,但是所帶來的結果卻是倒楣的。如果我們把這個善意歸類於善業的話，其實這種善業也會讓人倒楣，而不只是惡業讓人倒楣。

現實中有很多這種案例。比如說有一位媽媽命運比較悲慘，一生都很苦。而她的女兒生下來後，是處在一個物質很繁榮的時代。也就是說女兒實際上可以不必過媽媽那種苦日子的，但是女兒由於太愛媽媽了，因此就產生了這樣一種心意識：媽媽是我最尊重的人，我最愛她了。她一輩子這麼苦，我是她女兒，我沒有資格比她過得幸福。你看，她的心意識認為她沒有資格比媽媽過得幸福，然後她的阿賴耶識也就會按照比她媽媽更悲慘的命運來經歷她自己。

她的這種以比她媽媽更悲慘的方式來經歷自己的這個意圖是善意的。她的潛意識是善良的，認為自己不能超過媽媽，如果比媽媽過得幸福，自己就是不孝。她的心意識這樣想是基於善意，但是最後卻把自己弄得很悲慘。這就是一種心意識的背後能量起作用所導致的人生苦難。也就是說讓我們產生悲劇的原因不一定是惡意，有時候善意也會導致我們人生的悲劇。為什麼善意也會導致悲劇呢？就是因為這當中沒有般若智慧。所以你會從中發現什麼？你會發現：如果我們只有善意，沒有般若智慧，你也創造不了幸福。只有般若智慧才能讓我們真正自在。

有一個主人養了一只狗熊，狗熊對他非常忠誠。在一個很熱的夏天，主人睡覺的時候，這只狗熊就拿一把蒲扇給主人扇風，讓主人涼快。它是善意的，主人睡覺它都不睡，一直在那裏給主人扇涼。這時候飛來一只蚊子，叮在主人的臉上。狗熊看到了，就使勁扇風想趕走蚊子，但蚊子老是不飛走。狗熊著急了，就對準蚊子一巴掌打下去。結果蚊子是打死了，但是主人的臉也被它打得稀巴爛。為什麼狗熊的出發點是好的卻帶來一個很悲慘的結果呢？就是因為狗熊不懂般若智慧。

　　所以《心經》裏面講到：觀自在菩薩，行深般若波羅蜜多時，照見五蘊皆空。整部《心經》講的就是"觀"和"般若智慧"這兩大核心。八萬四千法門其實也都是要靠般若智慧去觀。你沒有般若智慧，你整天在那裏修也只是傻修。你很善意地去修，但是沒有般若智慧指導，你也根本修不出來。這就是我們之所以要把《心經》拿出來講的原因。你不管是修哪一個法門，不管是學哪一部經，如果你把《心經》這兩百多字背後的內涵能夠真正體會到一些的話，那麼對於你所修的法門，你所學的那部經，一定會有非常重大的指導意義。因為它是六百卷經典濃縮之後的最核心、最重中之重的精華所在，就像一個人的心臟一樣，它是居於最重要、最核心的位置。

　　我們要明白心意識也是一種能量。有時候就像狗熊的能量一樣，我們的心意識只有龐大的能量但卻沒有智慧。你運氣好的時候把這個能量用對了，它會帶來好處。你運氣不好的時候，這個能量反而會給你帶來災難。因為沒有般若智慧的指引，這個能量就沒辦法為我們產生妙用。但是當有般若智慧的時候，它就能產生無窮的妙用，它就能夠讓我們化煩惱為菩提。這就是我們身體的第四層結構。

接下來我們講第五層。我們把它叫精神體，也就是靈魂。它是從這個真如裏面派生出來的一個遊戲我，或者叫遊戲意識。我們把它稱為末那識，也叫第七識。我們的肉身就相當於一個公司，裏面有無量的細胞，在肉身這個龐大的結構範圍裏面，這個末那識就相當於董事長的角色。那麼這個第六識就相當於總經理的角色，而我們的眼、耳、鼻、舌、身意識就相當於五個中層幹部、五個部門經理。眼睛這個部門經理就是專門負責觀察的，哪些東西該看，哪些不該看，就是由這個眼識來負責的。然後我們的耳朵這個部門經理是專門掌管聽聲音的，哪些聲音聽起來美妙，哪些聽起來不美妙，這些都由它來鑒別。那麼還有鼻、舌、身意識。鼻子是主管嗅覺的，舌頭是主管味覺的，而身意識是主管觸覺感受的。

因為我們是來體驗生命的，所以這幾大功能原本是拿來妙用的，但是在這個過程中，我們的董事長迷了。如果董事長啟用的是真如理體，那麼他就是佛。如果董事長啟用的是第六識，那麼他就是眾生。董事長一念迷就是凡夫，一念覺馬上就是聖人了。董事長為什麼會迷呢？因為他有時候會聽總經理的話。總經理說那個美女好看，他也覺得好看。然後總經理說我們追美女去，他也就跟著追美女去了。然後美女不幹怎麼辦呢？總經理給他出主意：我們把她騙到手。他也就跟著去騙了，最後就造作了業障。造作了業障怎麼辦？既然董事長是跟著總經理幹這些事的，那麼他們兩個都得捆綁起來輪回。

　　總經理說那個錢財很好，有錢我們就可以買別墅。然後董事長也說行，只要賺到錢，我們就幸福了。那就賺錢去吧，但是弄了半天卻沒賺到錢。賺不到怎麼辦？總經理說我們搶銀行去，董事長也就跟著搶銀行去了，這樣就造罪了。造了罪就要償還，把你抓去坐牢或者槍斃，你就算還了。如果你這個人很狡猾，雖然你造作了很多東西，你明明欺負了別人，但是法律卻追究不了你的責任。為什麼？因為你這個第六識太狡猾了，很會鑽法律的漏洞。那麼在這種情況下，就只好用宇宙的規則、法則來處理你，這個就叫因果報應了。

　　所以上面說到的情況都是在講這個第五層，這個相當於董事長的末那識不起作用了。它不是啟用我們的妙明覺性，不是啟用菩提心，不是啟用真如，而是啟用了這個相當於總經理的第六識。第六識也是迷中的眾生，它也沒有般若智慧，所以它有時候也是聽這幾個部門經理的。眼睛說什麼東西美，它就去追求什麼東西。然後舌頭說紅燒肉好吃，那就去吃紅燒肉。然後鼻子說什麼香味好聞，那就去聞那個香味。然後身意識說我們要穿綾羅綢緞，甚至我們要穿動物皮毛做的衣服，那我們就去殺動物來做這個衣服。這個總經理有時候也是聽部門經理的，這樣一來，眼耳鼻舌身意這六個傢伙就集體把這個董事長綁架了。

董事長被綁架之後，也就跟著他們冤枉受苦受罪了。到時候這個人要輪迴了，那麼董事長也會跟著輪迴。如果這個人要下地獄，那麼董事長也會跟著下地獄。為什麼？因為你這個董事長沒把總經理管理好。沒把總經理管理好，你就迷了。你沒有般若智慧，你就會聽了總經理的。那麼總經理的這一套東西是怎麼來的呢？那不就是在後天學的嗎？包括爸爸媽媽教的，書本裏面教的，以及社會上其他人給他傳達的等等。董事長迷了以後，他的這個菩提心就不起作用了，先天智慧就不起作用了。當先天智慧不起作用的時候，人就墮入後天了。

我們很多人就是認錢，把錢當做是上帝。你看現在到處都在供財神爺爺，大家都認為只要賺錢越多就越幸福。然後董事長昏昏沉沉的，也就跟著總經理賺錢去了。結果當這個天地宇宙的法則開始運行的時候，卻發現一點都不幸福。一點都不幸福怎麼辦？那就去尋找幸福的源頭在哪里。當你去尋找幸福源頭的時候，你就會發現有很多人開發出了很多課程，教你怎麼樣幸福。社會上這些課程太多了，瘋瘋狂狂的，幾萬塊錢一堂課，有的甚至十幾萬塊錢一堂課。你花了很多錢，最後有沒有幸福呢？沒幸福！不管是什麼課程，你吹得再好，包裝得再好，如果你沒有找到般若智慧，那麼所有的課程都是邪知邪見。它們都沒辦法真正幫助人離苦得樂，沒辦法真正幫助人獲得身心自在。

第伍節

如何才能玩得起又放得下

【導讀】很多人追美女追帥哥，追到最後都是傷痕，就乾脆不追了，妙用也不要了。爲什麼？因爲妙用背後就是眼淚，所以很多人爲了逃避傷感就乾脆不玩了。其實如果你有般若智慧，你就盡管去玩這個妙用。就是說妙用和及時消歸自性的這種般若智慧是完整地融合在一起的。這就是《心經》的智慧，也是八萬四千法門的智慧。如果沒有掌握這個智慧，那麼不管你學哪一門的經，你都會着相，你都會產生所知障！

我們身體的第六層結構是超靈體。這個超靈體是沒有進入肉身的，它是在高維裏面的一個意識能量團，是一個集合體，就像一個團隊一樣。它們也沒有完全覺悟，只是人這點破事看明白了，但是宇宙的事沒看明白，生命的事沒看明白。因為超靈也沒有真正掌握般若智慧，所以它也不自在。為什麼我們有時候會做夢？我們的大腦意識不明白的事通過一個夢就能夠很清晰地知道結果，就是因為後面有超靈意識在起作用。但是超靈意識知道的東西也有限，也就是說它只是比我們稍微高一個維層。它把我們這個三維裏面的事看得比我們明白一點，所以在我們遇到事的時候，它會以夢境的形式來給我們說一下這個情況怎麼樣，但是它還不敢直接說。為什麼呢？因為三維裏面人世間的有些事還牽扯到一個天機問題。

比如說你上輩子的一個冤親債主過來了，她今天是以一個美女的身份出現在你面前，不管哪方面都符合你的審美觀念。你看到這個美女是你喜歡的人，你就想追她。但是超靈體看到了這個美女跟你沒有善果，因為她跟你在上輩子是仇人，她今天就是以美女的身份來收你的債務的。你的超靈體知道這個真相，但是你的第六識不知道。第六識只知道美女的外在形象長得很好看就要追這個美女去，但是這個時候超靈體在旁邊就著急了。因為它知道這個美女的背後是一個要來害你的人，而第六識卻把她當寶貝去追。超靈體看到這個真相以後又不敢直接告訴你那個人是你上輩子的冤親債主，因為洩露天機它也要受罪的。那麼這個時候怎麼辦？它就會用象徵手段、比喻手段、隱晦手段給你演化一個夢，就看你明不明白。如果你明白了，你就能躲過這一劫。如果你不明白，你也就只能繼續去受苦受難了。這裏講的就是我們身體的第六層結構。

我們身體的最後一層結構就是阿賴耶識了。當你有般若智慧的時候，這個阿賴耶識被稱為涅槃體。當你沒有般若智慧的時候，它被稱為混沌體。你處在混沌狀態，就像道家說的這種混沌開基的狀態，就是你在混沌當中要開基才行。那麼靠什麼開基呢？要靠般若智慧開基。就是說用般若智慧把這個混沌體轉成智慧，轉成涅槃體，那麼這就與道合一了。這樣一來，我們就能夠真正地自在妙用，一切都具足了。所以《心經》一開始就講：觀自在菩薩，行深般若波羅蜜多時，照見五蘊皆空。其實這一句話就已經把六百卷經典全部的精髓都講完了。但是有時候你不一定能看懂，所以需要我們大家一起來學習和分享。

有一個人的名字叫嘴巴，他在一個酒吧裏面喝啤酒。他已經喝到第10瓶了，一直抹著眼淚，看起來很傷心。這個時候調酒師就走過來問他怎麼回事。他說他的狗走失了，然後就咧著嘴巴嗚嗚地大哭起來。調酒師安慰他說：狗走失了很簡單啊，你可以在報紙上登廣告，也可以在網路上發消息。然後嘴巴說：沒用的，我的狗看不懂文字，廣告擺在它面前也看不懂。

這是一個笑話，其實我們人又何嘗不是如此。就是說佛陀講的經典雖然都擺在面前，我們天天讀它也不一定能看懂。我們看不懂的原因就是我們有色受想行識這五蘊之障，我們有身體的這七層結構之障：肉身，肉身驅動意識，第六意識或後天意識，心意識，靈魂或末那識，超靈體，阿賴耶識。我們有這七層障礙，那麼我們先天的本然具足的智慧就不起作用了，我們所追求所展開的這些造作都成為我們煩惱的根源。

　　我們在不同的國情、不同的文化裏面，我們在不同的風俗、不同的禮儀、不同的生活狀態下，我們都會形成不同的知見，都會形成不同的後天的意識障礙。你的後天教育以及是非對錯的知見，本來是讓你能夠進入這個凡塵社會來進行生命經歷的一個遊戲法則，是讓你能夠在這個地方經歷你這一生所必備的一個遊戲工具，但是你會發現我們的遊戲場所本身也是個障礙。

　　什麼叫遊戲場所？比方說我在美國出生，那麼美國就是我的遊戲場所。美國人有美國人的文化，美國人有美國人的理念，這個國家有自己的一整套系統。這就是他們自己獨特的遊戲場所。當你認可了這個遊戲場所的文化、理念、生活方式、集體意識，那麼這也是障礙。所有這些後天的障礙原本是為了演化妙用而產生的，但是最後我們迷在這個遊戲場所裏面了，迷在這個遊戲規則裏面了，迷在這個集體意識裏面了。迷在這裏面以後，我們就不得解脫了。

　　你在妙用裏面的時候是很美的，但是你經歷過後，你就要及時地用般若智慧來觀空，你就要及時地把它空掉，你就要及時地消歸自性。如果你不懂消歸自性，那麼你在歡喜之後就是如影隨形的憂愁。當你有般若智慧的時候，你該歡喜還是歡喜，你該談戀愛還是談戀愛，但是你不會有煩惱。我們經常看到兩個人剛開始相愛的時候都挺歡喜的，但是最後為什麼會煩惱？因為你沒有般若智慧，你有情執，你執著在情裏面了。你在經歷過後沒有及時把這個經歷消歸自性，沒有把自己歸空歸零。那就是什麼？你沒有照見五蘊皆空！說白了，就是你玩得起，放不下！

　　有的人感情受傷以後都不敢玩了，這就是沒有般若智慧。很多人追美女追帥哥，追到最後都是傷痕，就乾脆不追了，妙用也不要了。為什麼？因為妙用背後就是傷感，妙用背後就是眼淚，所以很多人為了避開眼淚就乾脆不玩了。其實如果你有般若智慧，你就儘管去玩這個妙用。當你掌握了般若智慧，你就可以在紅塵當中和一切眾生遊戲神通，那沒問題。你在遊戲當中時時刻刻都是自在解脫的。

　　當你在這裏的因緣結束了，你可以按照你所處的般若智慧的狀態，在十法界裏面隨意選擇你想去哪里。那就是大自在啊！但是如果你沒有般若智慧，你在這裏沒有及時把這一切東西消歸自性，那麼你就會產生阿賴耶識裏面大量的這種意識。而大量的意識都沒有消歸自性，都沒有被般若智慧轉識成智，那麼在這個阿賴耶識裏面，你所造作的這些意識就會捆綁你、綁架你在這裏輪回。那個時候你在十法界裏面想要選擇去哪里，你都選擇不了。沒有般若智慧，你哪里都去不了，所以一定要掌握這個般若智慧。

般若智慧講的就是空和有，兩者不能分開。空就是有，有就是空。色即是空，空即是色。就是說妙用和及時消歸自性的這種般若智慧是完整地融合在一起的。這就是《心經》的智慧，也是八萬四千法門的智慧。如果不把這個《心經》的智慧掌握到，那麼不管你學哪一門的經，你都會著相，你都會死在這個文字般若裏面。為什麼？因為你沒有進入實相般若，而進入了文字般若，那麼你就產生所知障了。你說你在讀佛陀的經，可是那個經不但沒有讓你解脫，反而最後把你捆得死死的！

【導讀】五福臨門中的每一福都包含物質和精神兩個層面，并非彼此孤立存在，正所謂一陰一陽之謂道。孤陰不生，獨陽不長。你要富有，你的品格得要高貴。你要健康，你的心靈也要美好。所以陰陽是相生的，陰陽是相互成就的。反之，祇是關心物質財富，而不關心品格修養，那就是陰陽失調了。陰陽失調了以後，人就要倒霉。

我們今天很多的人，可以說是已經墮落到人類從來沒有過的這麼低的程度，也就更談不上妙用自在了。有很多人活在一個非常低的狀態，就是只知道一味掙錢的狀態。過去老祖宗給我們規劃的人生就是五福臨門的人生，就是說我們在這裏遊戲神通、經歷生命以後，我們要在這個地方創造一個五福臨門的人生結果。但是現在很多人對五福臨門知之甚少，其實，五福也是妙用。

第一福叫富貴。富，當然就是有錢了。我們可以掙錢，掙錢本身沒有錯，你不掙錢怎麼富有呢？富，代表的是物質財富。貴，代表的是精神財富。我們在《了凡智慧》這個課程裏面已經講到，五福的每一福都包含物質和精神兩個層面。所以在五福的第一福裏面，這個富就代表物質範疇，就是說物質方面要有財富。而這個貴是代表精神範疇，是一種非常高的精神修養，能夠讓人家尊重你，這就叫貴。所以物質財富和精神財富是我們同時都要去追求的，這樣才能代表五福的第一福"富貴"。

但是我們今天把這一福當中的貴丟掉了，我們只去追求這個富，也就是追求這五福當中一福的二分之一福。我們很多人只是認錢，為了錢不擇手段，欺騙他人，甚至是違法犯紀。當一個人的眼睛裏面只有錢，就不會去關心自己的人品了。其實，一個人怎麼樣修養出一種很高貴的品格而讓人家尊重你，這個方面也是財富。如果不要這個財富，就算你有錢了也是個庸俗之人，你有錢了人們也瞧不起你。為什麼？因為你缺少精神的高貴。在人生當中，在遊戲神通當中，這五福當中的富貴本身是個好東西，但是我們很多人今天墮落到只認錢了。

五福當中的第二福叫康寧。它也是包括兩個方面：身體層面要健康，同時心理層面要安寧。就是說我們既要追求物質層面的身體健康，同時還要追求精神層面的心靈和諧、心態安寧、心情美妙。實際上，康寧這一福對於我們今天的很多人來講已經成為一個很奢華的目標追求了。為什麼？今天有不少上市公司的老闆才三、四十歲就走了，他們當中甚至有的人已經擁有上千億的資產了，但是他們只享有五福當中的富貴這一福的二分之一。這些人為什麼三十多歲就走了呢？就是因為他們犧牲自己身體的健康，犧牲自己心靈的享受與和諧狀態，並以此來換取物質財富的增長。他們恰恰是通過犧牲康寧這一福來換取財富，所以康寧對這些老闆來說太奢華了，他們沒辦法享有這一福。而沒有了康寧，你有錢也用不了。

我們的老祖宗給我們規劃的人生指標就是五福臨門。你可以用你的智慧來實現五福臨門，手段和方法可以千變萬化，但是宗旨不能變。你要富有，你的品格得要高貴。你要健康，你的心靈也要美好，也要安寧。你不能只顧一頭而不顧另外一頭。道家講：一陰一陽之謂道。孤陰不生，獨陽不長。那麼富貴就包括了陰陽。富是代表物質財富，就代表了陽；貴是代表精神修養，就代表了陰。那麼康寧也包括了陰陽。身體的健康代表了陽，但是心靈的健康代表了陰。

你只是關心物質財富，而不關心品格修養，那就是陰陽失調了。陰陽失調了以後，人就要倒楣。這就是孤陰不生，獨陽不長。就好比你的生命都沒了，你有再多的錢也全都是浮雲。你的健康亦是如此。如果你只是整天吃藥打針，只是片面追求身體的健康，但是你卻不追求心靈的健康，也就是說你的心靈不美，你的心裏沒有愛，你的心不柔軟，那也是孤陰不生，獨陽不長，如此你的身體也是不會健康的。所以陰陽是相生的，陰陽是相互成就的。如果你要想身體健康，那麼你同時就要關注心靈的美、心靈的柔軟、心靈的健康，然後身體才會有健康。它們都不是孤立存在的。

五福臨門的第三福是什麼？當我們有富貴了，我們有康寧了，接下來我們是不是要活久一點、長壽一點？所以第三福叫長壽。長壽也是包括兩個方面：一個是身體的層面，另外一個是品質的層面。我們知道這個長壽的"長"是個多音字。從身體能夠活多長時間這個角度來講，它是讀長（cháng）壽。但是從你活的人生品質上來講，它是讀長（zhǎng）壽。什麼意思呢？就是說你現在活一天是在打麻將，那麼這一天你就是打麻將的品質。但是別人活一天是服務他人、利益眾生，那麼他活一天就相當於你活三天、六天、九天的品質。他跟你一樣地活一天，但是他一天的品質和價值卻相當於你的若干天。也就是相當於一天增長成若干天了，所以這個時候讀長（zhǎng）壽。

如果長壽這一福只是從身體的壽命這個層面來講，那麼你能活多少歲，你就能享受多久的富貴和康寧。但是從精神的品質這個層面來講，如果你在給社會創造價值，你在不斷地提升自己的道德修養，從而使你活著的品質遠遠超越一般的人，那么這個时候，你活一天不就增长

（zhǎng）成很多天了嗎？那麼這個時候，它另外一個讀音就是長（zhǎng）壽。就是說你的壽命雖然跟人家同樣是活一年，但是實際上應該算成三年，或者六年，或者九年，甚至更長時間。因為你創造的財富和你感受的、經歷的、創造的一切，都比一個整天無所事事的人要豐富得多、富足得多。那麼這就是五福臨門的第三福，長壽。

你看，五福臨門的這種設計是非常量化的、非常科學的。我們要有錢，我們才能夠展開我們的生命旅程，因此我們要有必要的物質基礎。如果我們沒有必要的物質基礎，那麼就很難去展開我們的生命經歷和綻放我們自己。當你有了必要的物質層面的財富，那麼你還得要有精神層面的財富，那就是富貴。當你有了富貴這一福以後，你還要有一個健康的身體，以及一個和諧的心態，這樣你就又有了康寧這一福。當這兩福都有了以後，你不僅能長（cháng）壽，而且還能長（zhǎng）壽，那麼你的人生活起來就已經大不一樣了。

然後五福臨門的第四福就叫好德。這個好德也是包括兩個方面，因為這個"好"字也是個多音字。我們老祖宗的智慧特別不得了，因為我們老祖宗是通過觀察天地宇宙、人生真理來創造這個字的，所以中國字裏面就有關於怎麼樣做人、怎麼樣做事、怎麼樣悟道的含義。這個字本身就表达了含义，甚至表达了天机。你看老祖宗造了一個字要表達一個意思，造出來以後，發現這個字還牽扯到另外一個意思沒有表達出來。怎麼辦呢？老祖宗很智慧，因為這兩個意思都很重要，於是多音字就被創造出來了，就是說一個字不同的讀音就代表它在強調不同的內涵。如果這個第四福讀好（hào）德，那麼強調的就是一種精神追求的主動性，就是一種主動的品德。但是如果讀好（hǎo）德，那麼強調的就是一種能量屬性。

為什麼說能量屬性呢？因為我們世間的萬物其實都是能量演化的，不管是我們人生享福也好，還是我們人生經歷了什麼也好，實質上都是能量變化的。我們老祖宗把這個能量稱為德。就是說當你有了這個德，就代表你有了這個能量，那麼你就能夠享這個福，你就能夠去書寫你的生命價值，所以你得首先要有這個德。就像《大學》裏面講的：有德此有人，有人此有土，有土此有財，有財此有用。就是說你首先要有德，你才會有人氣，有人氣以後你才會有資源，有資源以後你才會有財富，有財富以後你才能夠用出來。所以我們參加和展開人生遊戲第一重要的就是德。這個德就相當於是遊戲幣。你有多少德，就代表你有多少遊戲幣，你就能展開多大場面的人生遊戲！

【導讀】這個"德"字用雙人旁來代表一個真我一個假我，代表一陰一陽。這個"德"字的右偏旁，上面是十，中間是四，下面是一橫一心。這個十就代表十方世界，中間這個四代表地、水、火、風。就是說這個彌漫十方世界的陰陽，演化了地水火風，進而演化出來的山河大地以及一切的物質、生命，實質上是在一心上演化的，也就是在我們的妙明真心上演化的。正如道家講的：道生一，一生二，二生三，三生萬物！

如果你擁有足夠的代表這個德的遊戲幣，那麼你就可以當一個村長，在一個村裏面遊戲。如果你的遊戲幣更多，那麼你就可以當一個鎮長，在鎮裏面遊戲。如果你的遊戲幣非常多，那麼你還可以當一個縣委書記，還可以當一個市長，甚至可以當一個省長。你的遊戲幣越多，你參加遊戲的臺面就越大。這就是德，這就是我們參與人生遊戲的遊戲幣。實際上，它就是一種能量。

這個"德"字是雙人旁。中國漢字只要是雙人旁，都是代表兩個我：一個真我，一個假我。為什麼說兩個我呢？因為這也是陰陽，孤陰不生，獨陽不長，所以每一個人都有一個真我、一個假我。就像今天的科學發現我們的三維身體之外還有一個能量體。比如說我們的經絡、穴位，都不是在這個三維的肉身上，而是在超越三維的能量體上。所以人體解剖的時候在身上是找不到穴位的，只有用精密儀器才能拍到這個穴位。就是說這裏面有一個高維上的我和一個稍微低一點維度上的我，所以就用雙人旁來代表。就是說真我和假我，微觀的我和表面的我，他們之間的這種配合就用雙人旁來表示。

這個"德"字的右偏旁，上面是十，中間是四，下麵是一橫一心。這個十就代表十方法界，也可以說十方世界，因為我們的古人看空間的結構就是十方世界。從這個橫面來看就是四面八方，然後加了上下就是十方，所以用十來代表十方世界。中間這個四代表地、水、火、風。我們古人研究了十方世界的構成元素以後，發現任何物質都是地、水、火、風這四大元素構成的。一朵花也是這四大元素構成的：花的枝杆就是地元素，也就是土元素；花裏面的水分就是水元素；花的生長環境就是火元素；花裏面的呼吸就是風元素，就是說一切物質裏面都有呼吸，沒有呼吸生命就不存在。

我們人也一樣，我們人的骨骼可以理解成是地元素或者土元素。我們身體的百分之七、八十都是水，這是水元素。人的正常體溫有一個溫度範圍，在這個範圍裏面，我們的身體能夠起妙用。但是超過這個範圍，或者低於這個範圍，我們身體的妙用都會受影響。比如說我們發高燒的時候，身體的這個妙用就不存在了，也就是生病了。這裏面講的就是火元素。而我們的呼吸就是風元素。山河大地也都是這四大元素組成的。我們的古人發現這個宇宙、這個十方世界裏面的構成元素就是地、水、火、風這四樣。

這個“德”字的意思就是說它揭露了一種智慧。什麼智慧呢？就是陰陽，就是一陰一陽之謂道。它用雙人旁來代表一陰一陽。就是說在一陰一陽的演化下，在十方世界裏面由四大元素來產生萬物。這個“德”字還揭露了一個真相，就是說這個十方世界的陰陽，演化了地水火風，進而演化出來的山河大地以及一切的物質、生命，實質上是在一心上演化的，也就是說在我們的妙明真心上演化的，在我們的真如自性上演化的。你看，這不就是：說空不空，空起妙用嗎？它就是在這個一心上生出來的妙用，一心上生出來的十方世界。道家講：道生一，一生二，二生三，三生萬物。這也是在說萬物都是從這裏面生出來，都是在一心上演化出來的。

那麼這個德，就是具有正知正見的能量。什麼叫正知正見呢？就是知道宇宙和生命的運作真相，這就叫正知正見。從德的角度來講，從能量的角度來講，我們人實際上是用能量來進行和展開生命的經歷、生命的追求。甚至生命的綻放也是要靠能量來綻放的，要靠正知正見的能量來綻放自己。那麼這個時候從這個層面來講，五福臨門的第四福就讀好（hǎo）德。就是說這個能量是好的，是具備正知正見的能量，所以這個時候就讀好（hǎo）德。

我們是用這種代表正知正見的能量作為遊戲的資本來經歷我們的人生。如果你沒有正知正見，那麼就是邪知邪見。邪知邪見也是一種能量，但是這種能量是以貪嗔癡慢疑為驅動的。如果以貪嗔癡慢疑為驅動，那麼你所經歷的人事物就會產生物以類聚的效應，從而類聚到你身邊的就都是貪嗔癡慢疑的人。這樣的話，你就會經歷痛苦煩惱，你就無法自在解脫。其實五福臨門裏面的這個好（hǎo）德就代表了能讓你自在解脫的真如智慧、般若智慧。

五福臨門的第四福同時也讀好（hào）德。就是說你要主動去追求這種正知正見的能量，這個時候就讀好（hào）德。雖然你有好能量，但是這種好能量是會用完的。你用你的好能量，也就是德，去交換一切人生的創造，那麼這個德是會用完的。所以你要好（hào）德，你要主動去追求德，那麼你就能夠不斷地增加正知正見，不斷地聚集能量。所以五福臨門的第四福也讀好（hào）德，就是說要主動去做好事，主動去追求正知正見的能量。

五福臨門的最後一福叫善終。就是說我在人世間打這場遊戲到了該結束的時候了，那麼我就該離開這場遊戲了，我的因緣盡了。所謂的因緣盡了就是說我準備了很多裝備在人世間打這場遊戲，現在這些裝備已經全部消耗完了，那麼我也就該離開這裏了。這個時候就涉及到以什麼方式離開這裏，所以五福臨門裏面講的善終可不是橫死，而是有標準的。

那麼什麼才叫善終呢？首先第一個標準就是壽終正寢，也就是說你不是在外面死的。古人對死是很講究的，你在外面死就不叫善終。我們今天很多人是在醫院死的，那不叫善終。為什麼？因為我們古人知道人要死的時候是很恐懼的，而消除恐懼的最好辦法就是躺在自己的家裏面平時睡覺的床上。這個時候恐懼就會小很多，因為這是自己一直比較熟悉的環境，而不會像躺在醫院裏面一樣，一切都是陌生的面孔。所以能夠在自己家裏面平時睡的床上死，這就叫壽終正寢，這就叫善終。

當然善終還有另外的標準，另外的標準就更高一點了，叫無疾而終。就是說這個人走的時候不是病死的，而是跟人家說說笑笑，沒有什麼痛苦，就這樣該走就走了。另外還有一個標準，叫預知生死。有的人會提前一個星期知道自己哪天要死了，有的人提前一年就知道了，這樣的人就比較有福報。因為他預知了，他就可以提前做好準備，將該了的心願都了完，了完那一天他也就死了。這種事情自古以來都挺多的，今天也有不少，這就叫善終。

所以你看我們老祖宗所規劃的進行人生遊戲的這五大指標是非常科學的。我們老祖宗把"五福臨門"貼在門上，每天進出都能看到它，就是提醒家族成員和後世子孫要按照這五個指標來經營自己的一生。只有按照這五個指標來經營自己的一生，這才是幸福美好的人生。但是我們今天多數人都很墮落，離這五個指標太遙遠了。現在很多人墮落到只是認錢，其他什麼都不認的程度了。為什麼會墮落到這種程度呢？就是因為沒有智慧啊！

我們對什麼執著，我們對什麼認同，這就是我們的智慧問題。這種沒有般若智慧引導的能量走向是非常危險的。沒有般若智慧引導的能量走向是什麼？是被貪嗔癡慢疑所驅動的。那麼被貪嗔癡慢疑所驅動的能量就會成為一根纜繩，把我們緊緊地捆綁著。我們講要從此岸到彼岸，但是你在此岸有大量的認同，這根纜繩把你拴住了你能走嗎？走不了！你有這麼多的認同，就有這麼多的纜繩把你死死地拴住，你還整天說要超越輪回。能不能超越？超越不了！很多修行人其實都有太多的認同了，並非你每天在那念經你就沒有認同。很多人一邊在念經，一邊卻對此岸世界的東西太認同。我們講這部《心經》主要還是針對修行人這個群體的，其實修行群體裏面不也是有大量的各種各樣的認同嗎？這些認同不應該成為我們值得信賴的東西。

第捌節

究竟什麼才是我們真正值得信賴的

【導讀】你認爲車子、房子、金錢是值得信賴的，可是你走的時候，縱有千般不捨萬般不願，到頭來你還得放！很多人說：我相信聖人的教化。但是真正到了關鍵時候，讓你必須做選擇的時候，你依然會選擇背叛聖人。祇有般若智慧才是值得信賴的，我們要用這個般若智慧來照見五蘊這一切都是空的，包括這個游戲場所是空的，游戲的人是空的，游戲的道具是空的，我們所追求的名利情權通通都是空的。你祇有照見這一切都是空的，你才能够真正放得下。

我們經常看到有很多商家打廣告：這是你值得信賴的東西！你想：我值得信賴的東西是啥？結果一看這個廣告，原來是商家在促銷一部手機。還有促銷車子的，促銷房子的，什麼樣的廣告都有。所以現在很多人認同的就是：手機是值得信賴的，房子是值得信賴的，金錢是值得信賴的。但是它們真的值得信賴嗎？如果不是，那麼什麼才是人生當中真正值得信賴的呢？

你認為車子、房子、金錢是值得信賴

的，可是你走的時候，縱有千般不舍萬般不願，到頭來你還得放！你看近幾年來，這麼多三、四十歲的上市公司的老闆走了。他們那麼追求金錢，金錢是他們值得信賴的，但是最後金錢也沒保住他們。有的人信賴自己能夠當官，有的人信賴自己銀行裏面的存款，諸如此類，不一而足。但是我們講：此岸世界裏面的一切東西都不值得信賴。

此岸世界裏面的一切東西僅僅是我們通過它們來經歷自己，遊戲神通，僅僅是我們在這裏需要了結的一段因緣而已。我們在這個地方跟一些有緣眾生一起互動，在這個特定的時空裏面分享美好，分享生命的感受，僅僅是為了這樣一個作用而起的妙用。但是如果你執著在這裏面了，你就不自在了。那麼不自在怎麼辦呢？所以我們就要觀自在。用什麼來觀呢？用般若智慧來觀。所以《心經》講的東西非常深刻。我們今天雖然講出來了，但是你可能還是會繼續認同你所信賴的東西，你從來沒有真正分析過你對它認同的原因是什麼。當你真正認真分析以後，你會發現這個認同本身是很可悲的。一部車子怎麼可能成為值得信賴的呢？現在出車禍這麼多還值得信賴嗎？只有般若智慧是值得信賴的，這是金錢無法取代的，也是金錢無法比擬的。

今天雖然傳統文化在復興，我們也在傳播傳統文化，但是你對這個傳統文化真正信任嗎？你對這些聖人們真正信任嗎？實際上，很多人真正信任的是明星、金錢、地位等等。在我們阿賴耶識的這個潛意識系統裏面，我們沒有正知正見。沒有正知正見的原因是什麼？是我們迷了，我們沒有這種般若智慧。沒有這種般若智慧，我們就沒辦法觀自在了。也就是說我們現在講的這種般若智慧是最應該值得珍惜的，是黃金萬兩都不交換的。但是如果讓你掏點錢來換我講的般若智慧，那麼你可能就不幹了。你最終還是覺得看得見摸得著的金錢更重要，有形的物質更重要，你不會相信無形的智慧的。很多人說：我相信聖人的教化。但是真正到了關鍵時候，讓你必須做選擇的時候，你依然會選擇背叛聖人，你不會信賴他們的。

有一個牧師，他的女兒在樓上睡覺，哭了。這個牧師就上樓去問她為什麼哭。她說：爸爸，我怕！一個小女孩獨自在樓上睡，當然怕了。然後牧師說：不要怕，小寶貝，上帝和你在一起。女兒說：爸爸，那麼還是你來跟上帝在一起吧，讓我下樓去跟媽媽睡好不好？憑什麼你跟媽媽在一起卻讓我跟上帝在一起？所以你說上帝好，但真的是你信賴的嗎？其實那個值得信賴的已經被代替了，那個神聖的位置已經被房子、車子代替了。般若智慧是我們本然具足的東西，但是這種般若智慧其實已經在我們身上不起作用了。也就是雖然本自具足，但是現在不起作用了。

為什麼說一念覺一念迷？一念覺，你就是佛；一念迷，你就是凡夫。這就是關於這種般若智慧被什麼東西取代了。如果被手機、電腦、車子、房子取代了，被偶像崇拜取代了，被所有這些後天的東西取代了，你哪里還有般若智慧？你知道《心經》是一切經典裏面最精華的東西，你花幾分鐘的時間就可以把兩百多字的《心經》背完，但是背完又能怎麼樣呢？它只是一堆空洞的文字，背下來也沒用。它只是文字般若，它沒有實相般若，沒有實相般若又有什麼作用呢？這就是因為我們的實相般若的作用被取代了。所以當一個人痛苦的時候，或者遇到挫折的時候，他可能會想到什麼？他就可能會想到某個出家師傅、某個上師，就像病人想到某個牌子的藥一樣。他只是把這個師傅當作一種藥，只是聽說這個牌子的藥好，所以他就只是想要去服用這種藥。

　　我們很多修行的人，每天都在讀經典，但只是習慣性地記住了經典裏面的這些語言。而對於語言背後所指向的實相般若，我們都不會去想那到底是一個什麼樣的存在。我們想的還是金錢，還是人世間這個遊戲裏面的東西。所以我們要認識到：我們要用這個般若智慧，來照見五蘊這一切都是空的，包括這個遊戲場所是空的，遊戲的人是空的，遊戲的道具是空的，包括我們所追求的名利情權、七情五欲，通通都是空的。你只有照見這一切都是空的，然後你才能夠放得下。

過去的寺廟裏面是代表空，所以到寺廟出家就稱為入空門。佛教裏面講三皈依：皈依佛，皈依法，皈依僧。其中這個皈依僧就是皈依空，皈依淨，但是今天你到寺廟裏面去就很難皈依空了。現在的很多寺廟裏面是烏煙瘴氣的，因為那些用化學原料做的香污染空氣太嚴重了，而且很多越有錢的人燒這種化學香，燒得越多越大。這不是行善，而是造惡。為什麼？從來沒聽說哪個佛喜歡聞這個香，居然民間還有這樣一句話：人爭一口氣，佛爭一柱香。我當時很小的時候聽到這句話，就覺得這實在太荒唐了，佛怎麼可能爭香呢？這都是人想像出來的。佛是已經安住在般若智慧，安住在妙明覺性，安住在菩提心，安住在真如本性上的，是無所不能的。祂的智慧是圓滿的，我們把祂稱為圓滿報身。祂想要什麼就有什麼，還需要來爭你那一柱香嗎？

　　一般人整天在廟裏聞這種化學原料做的香，都會聞出肺癌來的。所以你整天在廟裏面燒香供這些僧人就是幹壞事，你供佛那更是幹壞事了。我認識一個出家人，他出家才幾天，洗頭的時候就發現頭都黑了。就說明這裏面供的香火太大了，這樣污染環境真不是幹好事。燒香是迷信，佛從來不會說要你那個香，這只是人在找自我安慰而已。實質上，香是創造出來作為表法用的，就是讓你的恭敬心體現出來。那麼要表示一下這個恭敬心，就讓你跪拜、燒點香。實質上這是用外在的表法的香來代表我們這顆心，這個叫點心香。點心香遠遠比你在外面點化學香的功德大得多。香是表我們內在這顆心的。

　　點油燈也一樣，它沒有功德，而且浪費油。油燈是代表光明，代表般若智慧，因為般若智慧是一種光明，它能照亮黑暗。黑暗是什麼？佛法裏面把黑暗象徵愚昧無知，黑暗要用光來照，所以點燈的意思就是提醒你要用智慧的光明照出你的迷惑。但是現在人迷信，認為點油燈就是功德，這不是真正的功德。有些人在寺廟裏面點多少萬盞燈，那是浪費油，而且沒啥用。

【導讀】祗要跟我們的真如自性一脫離，從而使我們本然的自性不起作用，那麼我們就注定會痛苦。人生八苦實質上都是在于對人世間的這個游戲場所、游戲規則，對人情事物，以及對我們知見的認同而帶來的苦。當我們把腦袋裏面所有的這些認同忘掉而歸到空，能夠用智慧來照見五蘊皆空，照見我們所執著的一切都是空的，那麼我們突然之間也就解脫了，也就能找到我們內在的富足了。把腦袋裏面所有的認同忘掉不代表放下一切有為，而是不要著在這個相上。祗要不著在這個相上，那麼一切功德都是圓滿的，因為我們本然具足。

如果一個人沒有般若智慧，那麼他做的善事也是惡行。就像前面說到的那只狗熊，它原本出於善意幫主人驅趕蚊子，卻最後一巴掌把主人打死了。當人們把香油一車車拉到寺廟裏面供奉，他們也是出於善意，但是卻把環境污染了。他們不知道這個香是代表一種恭敬、誠敬，也不知道這個油燈是代表一種般若智慧的光芒，這些東西都是表法用的。寺廟裏面供花，也是表法用的。我們要吃水果，是不是先開花後結果？所以花代表因地，供花就代表要在因地上努力。當我們去供花的時候，就是提醒我們不要只盯著那個富有的果。你要在因地上去積福，你才會富有。所以供花就是用花來表法，要在因地上下功夫。

很多寺廟裏面的師傅都不一定懂這個點燈是代表什麼意思，他們都不知道這是代表般若智慧、代表光明。很多師傅還以點燈有功德的說法來誘導大家，並告訴大家要點什麼燈。當你對這些低級的迷信的意識認同，你怎麼解脫呢？當你一天到晚都認同這些迷信的法事，你的般若智慧怎麼起來呢？因為你用的是大腦第六識，你的根本智就出不來。我們講你要從此岸到彼岸，但是你在此岸有這麼多認同，你怎麼去呢？

我們講彼岸是神聖的，因為我們本然具足的真如自性就在那裏，那當然是神聖的，那是唯一真實的，一真法界就在那裏。在我們的真如本性起作用的境界那裏，所看見的一切就是一真法界了。但是我們現在的所思所想都不是用這個菩提心，我們是用後天的這個攀緣之心，用後天的這個利益之心。我們嘴巴上說的是一套，但是行動上恰恰是相反的另一套。我們很多人都是在求，求一種信仰，求一種保障。實際上，我們求的就是這些物質的東西、表法的東西。這些東西是表法的，它們不是實質，只是借用它們來代表和指向後面的實質和真相。

我們今天在這裏學經，經典裏面的文字只是文字般若，但是我們要跳過文字般若，進入實相般若。為什麼？就是說這些文字也只是表法，就像我們點燈一樣也是表法。燈不等於般若，它是象徵般若。你點一盞燈，就相當於我寫"般若"這兩個字一樣。你點一盞燈，我寫一個"般若"。你用燈來表示般若，我用字來表示般若，它們都是一個意思。但是如果你和我都不懂這個背後的意思，那麼我們兩個都沒有功德。而如果你懂這個背後的意思，那就有功德了。

　　你把這盞燈點上，然後你跟別人說：你看，這盞燈代表智慧，代表般若智慧的光明，我們要找到我們內在的光明。就是說這個功德是真正體現在這個般若智慧的光明上。因為我們在愚癡迷糊的時候，這就是黑暗，不知道真相就是黑暗。我們要用般若智慧來認清我們的本來面目，這樣的話，你點這盞燈就有無上的功德。但是如果你點了這盞燈，你並沒有讓別人認清自己的本來面目，那麼這就是迷信了，不要說功德，連福報都沒有。

　　福報是什麼？福報是帶著一種利己的心態去做幫助他人的好事。比如說這個地方路很黑，過去沒有電的時候，我們點這個油燈給人照明，讓人家晚上不摔跤，那麼這個時候你點這盞燈是有福報的。現在有電了，我可以用節能燈，節約電，成本低，而且一瓦的燈比一根蠟燭還亮得多。而燒蠟燭、燒油不但浪費錢，還污染環境。

不就是為了給人帶來光明、帶來方便嗎？為什麼一定要去點蠟燭、點油燈呢？這就是著相，這就是不懂智慧，這就叫黑暗。一個人不知道一切背後的用意是什麼就相當於處在黑暗中，所以我們要搞明白背後的用意。你給人家帶來方便，你就有福報。

那麼什麼叫功德？功德就是純粹為他人著想，而不為自己著想。福報就是我幫助了別人，我積了福，我會有好報，那麼這就叫福報。功德就是我做了好事，我想不起，我都搞忘了。我根本就不是為我自己，而是以利益他人為動機，那麼這就是功德。所以福報和功德就是這個差異：一個是站在完全無私無我的利他的基礎上，一個是站在我執的基礎上。為什麼說福報是基於我執呢？如果我的動機是期望自己做的好事越多就會有越大的福報，那麼這就是我執。

你看我們傳統文化裏面講了：財佈施得財富，無畏佈施得健康，智慧佈施得智慧。然後很多人就開始財佈施了，因為他們的動機是想要財富。你想一下，這不就是貪嗎？你認為佈施一萬塊錢出去能賺一百萬回來，那不是更大的貪嗎？所以你這種財佈施沒有功德，只有福報。你確確實實已經把錢佈施出去了，所以有福報，但是沒有功德。你想到的是你以後會發財，你想到的是你以後有好處，那哪里有功德呢？都沒有功德。

很多人都是迷信在燒香、供燈、風水等等這

些世間小道上，這些東西都是不究竟的。《心經》裏面講的這個般若智慧才是最究竟的、最圓滿的，所以我們要把這些世間小道的東西都忘掉，不僅要把《心經》的文字忘掉，以及把我今天講的所有這些話忘掉，甚至還要把你腦袋裏面所有的認同忘掉。如果你是個修行人，你要把修行裏面所有的儀軌忘掉。忘掉不代表你不去表法，你還是可以去燒香，你還是可以去拜佛，你還是可以去做表法的一切，但是你心裏面是有般若智慧的，你是不著在這個相上的。當你不著在這個相上，那麼一切功德都是圓滿的，因為我們本然具足。

　　一個人之所以很痛苦，很煩惱，橫豎都不自在，原因就是與我們這個般若智慧相隔離。只要我們跟我們的真如自性、本然面目一脫離，從而使我們這個本然的自性不起作用，那麼我們就註定會煩惱，我們就註定會痛苦。為什麼？因為我們在這個小小的人世間的名利情權裏面產生的短暫的幸福快樂，包括人間講的愛，都不會持久，很快就過去了。過去以後，愛別離就來了。愛的時候很幸福很快樂，但是當愛別離一到來就痛苦了。我們的人生八苦包括：生、老、病、死、愛別離、求不得、五陰熾盛、怨憎會。我們這人生八苦實質上都是在於對這個遊戲場所、遊戲規則，對人情事物，以及對我們知見的認同而帶來的苦。當我們沒有這些認同，我們能夠歸到空，能夠用智慧來照見五蘊皆空，照見我們所執著的一切都是空的，那麼我們突然之間也就解脫了，也就能找到我們內在的富足了。

有一天，有兩個人到泰山上去看日出。突然間，其中一個人指著天空說：我看見啦！然後另一個人馬上也跟著說：我也看見啦，我真的看見啦。這時候旁邊有一個人走出來，他一邊提褲子一邊罵：看見就看見了，你們說什麼說啊！原來這個人在那裏解手。所以有時候我們認為我們看見了這個般若智慧，其實我們並沒有看見，這就是誤會。正如這個笑話裏面說的，我說的是"我看見了泰山日出"，而你卻聽成"我看見你在那裏解手"。如果你聽的東西不一樣，你也會有造作，而造作的結果也是沒辦法觀自在。

有一對夫妻，他們兩個人共同騎一輛雙人自行車到郊外旅遊。在上一個斜坡的時候，他們踩得非常艱難。在費了九牛二虎之力終於騎上坡以後，丈夫喘著大氣說：這個坡真陡，累死我了！然後妻子在旁邊說：要不是我一直把那個剎車緊緊地捏住，我們早都滑下坡了。你知道這兩個人怎麼配合的嗎？一個人拼命地踩踏板，一個人拼命地捏剎車。雖然他們兩個人都是善意的，但是結果卻是尷尬的。為什麼一定要學習般若智慧呢？很多時候我們都關注於只要心是好的，我們的結果就是好的，但是往往你心好的結果卻不一定好。大家要明白這一點：只有真正懂得般若智慧才真好！

用心經的智慧找回真我

第講

要在觀照般若的狀態下即空即有

第壹節 學經典的真正目的是什麼

【導讀】眾生因爲貪嗔痴慢疑而迷失了自己的本來面目，如同犯了病。經典就像是醫生開出的藥方，如果祇是抓住這個藥方不放，而不去用這個藥，病就不會治好。但是如果病都好了，却還把這個藥留着，這就叫法執。八萬四千法門就是八萬四千種藥方，但是它們祇是以文字的形式來記載這個藥方，稱爲文字般若。而藥方背後真正起作用的是觀照般若。所以《心經》講"觀自在菩薩"的這個"觀"字，就是要我們透過經典這個文字般若來啓用觀照般若。祇有借助于觀照般若，文字般若才能真正起作用，最終才能達成實相般若，破迷開悟！

有一天，一個人的老岳母死了，於是他就去找一位先生替他寫一篇祭文。這位先生找出了一個本子，從裏面翻到了一篇祭文的範本。他沒有看清楚這篇祭文的範本是用於祭奠岳父的，而現在死的卻是這個人的岳母。結果這位先生居然一個字都沒有改，就完完整整地抄下來後交給了這個人。這個人拿著這篇祭文走後沒多久又返了回來，他很生氣地說：我已經請人看

107

了，你這篇祭文寫錯了！沒想到這位先生聽完後也很不高興地說：誰說我寫錯了？我的本子就擺在這裏，你自己看一下，我連一個字都沒有抄錯！要不，只有一種可能：那就是你們家的人死錯了！

這是一個笑話，但是這個笑話卻對於我們學習《心經》這部經典，尤其是對於我們學習這樣一部居於佛法核心地位的經典所蘊涵的般若智慧來講，是非常有啟發意義的。今天我們是借助於佛陀留下的經典，也就是借助於佛陀留下的文字般若，來證實相般若。文字般若和實相般若之間有很大的差異。如果我們過多地執著於文字本身，我們就會產生所知障。我們都對佛陀留下的經典非常地恭敬，經典本身是非常神聖的、無價的，但是我們要知道學習經典真正的目的是什麼。學習經典真正要達到的就是：破除我執，破除法執！

因為我們迷失了自己的真如自性、本來面目，我們本具的一切自在就無法產生作用了，也就是說我們在迷當中顛倒了。當我們迷失了我們的本性，當我們丟失了自己本然具足的一切，而今要重新找回我們的本來面目，那麼就要借假來修真。這個假是什麼？這個假就是佛為一切眾生破迷開悟、找回自性所設的方便法。比如說我們學習的佛經就是佛為了啟發眾生找回自己的真如本性而根據每一個眾生所執著、所迷惑、所認同、所陷入的狀況不一樣，以及根據每一個眾生迷悟的程度不同，還有善根、福德、因緣、悟性等等的差異，因此種種，佛設立了很多方便法門。所以每一部經也都是佛針對不同眾生的狀況而講出來的，就是讓我們能夠透過這樣的智慧指引，找回我們的真如自性，真正地擁有我們本具的大自在。

經典就像是醫生開出來的藥方。為什麼這麼說呢？我們因為貪嗔癡慢疑而迷失了，在我執和法執的基礎上，我們產生了很多認知上的障礙。這就如同我們犯了病，由於每個人犯病的程度和症狀不一樣，所以醫生開出的藥方自然也是不一樣的。因為即使是相同的一種病也有具體狀況的差異，所以醫生在治療病人的時候，就會針對病人的具體狀況而對症下藥。醫生開出來的藥方，所要解決的就是治癒這個病，所以藥方當然是重要的。但是我們要知道：光有藥方，沒有藥方背後的藥，那也是不起作用的。你覺得這個藥方能治你的病，但是如果你只是抓住這個藥方不放，而不去用這個藥，你的病也是不會治好的。

每一部經典都是佛出於大慈大悲，為了啟發眾生，為了治癒眾生各種各樣的病而講出來的。八萬四千法門當中的每一個法門都相當於一個藥方，如果這個藥方能治你的病，那麼這個法門也就適合你修行。如果這個藥方不能治你的病，那麼這個法門也就和你不相應。所以我們修行之人要找到一個和自己相應的法門來修學，守住一部經典一直修到底，一直達到破迷開悟。學習經典的真正目的就是破除我執和法執。經典是藥方，而背後真正起作用的是藥，只有它才能治我們的病。所以針對經典這個藥方，我們把經典稱為文字般若。那麼這個文字般若要借助於什麼才能真正起作用呢？要借助於觀照般若。那麼借助於觀照般若最終要達成什麼呢？要達成實相般若。也就是要治癒我們的病，重新恢復我們的本來面目，重新找回我們的真如本性。這就是我們學習經典的根本目的。

八萬四千法門就是八萬四千種藥方，但是它們只是以文字的形式來記載這個藥方，而藥方背後真正起作用的是觀照般若。所以《心經》講"觀自在菩薩"，就講出了這個"觀"字很重要。透過文字般若要啟用觀照般若，才能最終破迷開悟，達成實相般若。在《金剛經》裏面也有這樣一句話：法尚應舍，何況非法。什麼意思呢？就是說這個佛法到了一定程度也都要舍掉，更何況非正知正見的法呢？既然這個法這麼好為什麼要舍呢？因為這個法就是醫生為了治病人的病而針對這種病設立的藥方，你的病好了，這個藥也就不需要了。如果你的病都好了，你還把這個藥留著，這就叫法執。

執著於這個藥方，就是執著於這個文字般若。我們透過這個藥方，透過這個文字般若，真正要達成的就是破迷開悟。所以佛陀教導我們要

依義不依語，就是說要依背後的要義，而不能依
這個語言本身。藥方不重要，是藥方真正指向的
這個藥很重要。佛陀也教導我們要依智不依識，
就是說要依我們先天本具的智慧，要依我們的大
圓滿鏡智、平等性智、妙觀察智、成所作智。而
這個識就是我們後天所學的知見，我們後天所學
的知識。

【導讀】每天誦經并非修行，而祇是一個儀式，祇是在表演你的所謂修行。如果你的觀照般若沒有啓動，一切儀式皆枉然。把修行變成了儀式，整天執着于儀式，結果死在儀式裏，終其一生，一無所成！而啓動了觀照般若，一切儀式、形式、過程、造作又通通變成了妙用、感悟和游戲體驗。拋開一切後天大腦意識的知見，當你重新找回你的本來面目，你就會看到一切眾生皆是佛。誠如《圓覺經》所言：一切眾生本來成佛。祇是一下子迷了，所以成了眾生。而佛不度眾生，最後的真相祇是：眾生自悟，自修，自度，自證而已。一切本然如是！

我們學經典如果不是依智，而是依識，那就是顛倒了。很多人用第六識、大腦意識學經典，然後迷在經典裏面出不來，最後死在經典裏面，這就是無明啊！他們把經典背得很熟，就相當於把藥方背得很熟卻不懂怎麼用藥。我們透過經典的文字般若，要啟用的是我們的觀照般若。所以《心經》裏面講"觀自在菩薩"的"觀"，不僅是這部經典的核心，也是一切修學的核心。你要啟動觀照般若這種功用，才能找到我們本然具足的自性，這的確需要有智慧，需要有善根和悟性。如果你沒有善根和悟性，而只是執著於文字般若本身，那麼你就會產生所知障，你所學習的經典也無法為你起到破迷開悟的作用。

二乘以下的凡夫外道所有的見解都是建立在大腦意識的基礎之上的。為什麼把二乘以下的凡夫外道的見解通通判定為邪知邪見呢？因為他們是依識不依智。那麼在這樣一種邪知邪見的迷惑和造作之下，人就死在這裏面了。我們學習這部經典，學習這個無上甚深微妙義的般若智慧，就必須透過文字而超越文字，這裏面的關鍵是我們要懂得怎麼來學。我們學經的目的是要掌握觀照般若，掌握觀照般若的目的是要證到實相般若，這裏面不能夠顛倒，不能夠糊塗。

講到觀自在，那麼你就要觀，你就要啟動這個觀照般若。如果不啟動這個觀照般若，那麼即使你整天都在那裏背經文、念咒語也是不起作用的。當你開悟了以後就能看到，一切眾生，包括一切有形無形、有緣無緣、有情無情，都本具法身，也就是我們的實相般若，同時也本具般若智慧和解脫的能力。那麼眾生為什麼又有痛苦、煩惱呢？是因為迷了，產生了知見，產生了是非對錯的判斷，不是站在一個無窮博大的宇宙角度去看問題，而是站在一個非常局限的角度來進行是非對錯的判斷。這樣一來，因為看不全真相，看不明白真相，帶著我知我見，最後就在煩惱裏面，在六道裏面出不來了。

當你找到了自己的實相般若，證到了自己的真如本性，這個時候你回過頭來看眾生，就會看到人人都是六根門頭放光動地，人人都是佛，人人都是聖人。當你成佛以後，就在你成佛的那一刻，你就會看到一切眾生皆是佛。正如《圓覺經》裏面所說：一切眾生本來成佛。可是當啟用了後天知見，這個時候本然具足的無所不能的法身妙用就變成苦報了，變成苦累了，變成痛苦了。那麼般若呢？般若變成迷惑了，變成我執、法執了，變成所知障了。那麼解脫呢？本然的解脫變成迷惑造業了，變成火焰苦了，變成輪回不盡了。這就是迷啊！迷了就是火焰苦，就是輪回不盡，就是橫豎不自在。那麼悟了就是法身，就是般若，就是解脫，就是妙用，就是自在。事情本身沒有什麼改變，只是一個迷和悟的差別，只是迷和悟的境界差別在你自身的受用上發生了翻天覆地的變化。

佛陀教化眾生的目標，就是開示眾生悟入佛知佛見，並用這種佛知佛見來啟動觀照般若，找回我們的本來面目，達成真正的觀自在。諸佛如來為我們開示了我們自己本有的佛知見，這些佛知見都是我們本來就有的，是因為我們迷失了，所以陷入到了愚昧當中。如今透過經典，透過般若智慧，使我們重新找回佛知佛見。所以佛不度眾生，歸根到最後的真相就是：眾生自悟，自修，自度，自證。眾生只是因為迷了，本然具足的法身不起作用了，所以要通過佛來提醒眾生，使其本然具足的法身重新起作用。當眾生啟用了自己的法身，就能自悟，自修，自度，自證了。所以佛不承認祂度了眾生，只是你一下子迷了，祂來提醒你一下而已。

那麼我們迷在什麼地方呢？我們就迷在這個大腦意識的知見裏面。即使當我們修學經典的時候，如果我們沒有啟動觀照般若，而只是用大腦意識來進行經典的學習，只是啟動大腦記憶來進行經典的背誦，那麼我們從經典中學到的東西就成為所知障了。因為我們的大腦是靠記憶運作的，我們把《心經》背下來要靠大腦的記憶。即使你把這部經背下來了，甚至你二六時中隨時都在背這部經，但是如果你的觀照般若不起作用，那麼你背下來了也只是知識而已。你只是習慣性地記住了"觀自在菩薩，行深般若波羅蜜多時，照見五蘊皆空，度一切苦厄。"

即使你把經典背得很熟，那也僅僅是代表你會背醫生開的藥方而已。如果你沒有去買藥用藥，背後的藥沒有發揮作用，那麼即使你整天在背藥方，那個病也不會好。所以關鍵是要去啟用藥方背後的藥，這個藥就是觀照般若。就是要觀才能自在，你不觀怎麼能自在呢？光是大腦在想，永遠不會自在，必須要透過般若智慧來觀才能自在的。當你讓小孩從小就背各種經典，如果你沒有教導小孩啟用觀照般若智慧的話，那麼這個小孩最後也只是成為能夠背誦很多經典的一個凡夫而已，因為只是背誦經典不能算是修學。

所以大家要知道：文字般若，觀照般若和實相般若，這三者不能夠偏廢。不能夠過度地執著於文字般若，不能夠執著於文字上，整天在那裏跟人辯論、搞教條、摳文字，這些都不是真正的修學。為什麼？因為我們啟動的是大腦第六識，大腦第六識是一種習慣性的記憶，是一種習慣性、自相續的思維機制。那麼你用大腦的這種習慣性的記憶、這種自相續的意識機制，你能夠達成什麼呢？你什麼都達不成。為什麼？因為大腦的記憶、大腦所學的一切知識不是來自我們的內在，不是來自我們的妙明自性，不是來自我們的菩提心，不是來自我們的真如本性。它們只是建立在後天語言的基礎上，建立在後天邏輯的分析和綜合這樣一個大腦意識的機制上所形成的一堆資訊。當你把這些資訊當成是真實的，那麼它們就變成所知障了。你每天誦經並不是修行，而只是一個儀式，只是在表演你的所謂修行。因為你的觀照般若沒有啟動，你的實相般若沒有證到，那麼你誦經有啥用呢？所以要特別小心別把這種般若智慧變成一個儀式，變成一個儀軌，然後我們就整天執著於這個儀式，結果我們死在這個儀式裏面，死在這個儀軌裏面，終其一生，一無所成！

【導讀】修行就像收看電視一樣，你要對準頻道。雖然你想收看中央一臺，但是如果沒有對準頻道，那麼你最後收看到的就是其它電視臺。就好比一切眾生都期望幸福，但是很多人最後收穫的卻是痛苦，這就是期望和結果不一致。如果沒有對準頻道，就算你看一整天的電視，你所要的中央一臺還是不會出現。因為你祇是注重于看多長時間的電視，就好比你每天做多長時間的功課一樣，這些都是沒用的！你沒讓電視機對準頻道，卻祇想換電視機，即使你把天下所有的電視機都換完了，你還是收看不到中央一臺。修行也一樣，你要調整自己的能量振動頻率，調整自己的心意識狀態。你調整到什麼狀態上，你就能夠對接什麼樣的能量。你對接什麼樣的能量，你就有什麼樣的智慧。我們要不斷地調整我們的身心能量振動狀態，最終和能量最高的本源達成一致，那麼我們就能見到自己的本來面目了！

我們在這裏說的東西非常關鍵：如果你能夠看破我們的大腦思維，能夠看破人世的荒謬，那麼你才能夠最終放下自我。因為我們的自我是建立在後天大腦意識的

基礎上的，如果你看不透這個大腦意識機制的運作，看不明白這個幻相，那麼你要想放下煩惱就不太容易。因為所有的煩惱都來自於判斷，所有的煩惱都來自於知見，所有的煩惱都來自於不符合你標準的是非觀念。你要看明白這個煩惱本身是很荒謬的，是不成立的。我們在這個知見的基礎上產生的煩惱，在這個煩惱的基礎上所造的業，在這個業的基礎上所吃的苦，通通都是冤枉受罪受苦。沒有般若智慧，所受的一切苦都是冤枉的，即使受了苦也沒有任何好處。這就是眾生沒有掌握般若智慧而無法避免的遭遇。

原本我們具備肉身這樣一個身心法器，是可以來體驗生命豐富多彩的愛、藝術等等各種生命的表達形式，但是在這個過程中我們產生了後天的知見，然後我們陷入在知見裏面出不來。我們用我們的標準去丈量所有的人和事，最後我們死在自己的標準裏面。因為我們被自己的標準牢牢捆縛，最後使我們永遠不得超脫。這就是輪回的本質！

我們前面講到了觀照般若，那麼觀照般若是啟動什麼？就像我們收看電視要啟動一個對頻的狀態，這就是觀自在的觀在起作用。比如說你要收看中央電視一臺，那麼你就要對準一臺這個頻道。你要收看貴州電視臺，那麼你就要對準貴州電視臺這個頻道。雖然你想收看中央一臺，但是如果你沒有對準這個頻道，那麼你最後收看到的就是其他電視臺了。這就是你的期望和結果不一致。我們一切眾生都期望幸福，但是大多數人的結果都和期望不一致。我們百分之六十、七十，甚至百分之八十、九十的眾生都沒有得到自己所期望的幸福。為什麼？這就是因為我們不懂得用觀自在的這個觀來調整我們的能量振動頻率。

我們今天的科學說一切都是能量，且具不同的振動頻率。生命的境界越高級，其能量振動頻率就越快速。而生命的境界越低級，其能量振動頻率就越緩慢。能量振動頻率越緩慢的人，其痛苦、煩惱就越多，其思想也越複雜，其內在系統也越分裂。而越是分裂的人，其妄念也越多。能量振動頻率非常高的人，甚至可以達到和光等同的速度。我們從佛像上可以看到，每尊佛、菩薩的頭上都有一個光圈，這個光圈代表的就是一種很高的能量振動頻率。調整我們的能量振動頻率就是觀在起作用，你不調整能量振動頻率你怎麼觀啊？你觀不了。

這裏面講觀，首先就像收看電視一樣，你要調整頻率，你要調整自己的心意識狀態。你調整到什麼狀態上，你就能夠對接什麼樣的能量。你對接什麼樣的能量，你就有什麼樣的智慧。如果不是這樣的話，我們的期望和結果之間就必然會有矛盾。因為你不懂得觀的妙用，不啟動觀照般若的話，你想幸福，但是最後你收穫的是痛苦，這就是矛盾。

我看過一個笑話：有一個歌唱家，他唱完一首歌下來以後，對他的朋友說：我剛才唱得太失敗了。他的朋友感到很驚訝：怎麼會失敗呢？你看觀眾都在非常熱烈地鼓掌啊。然後歌唱家說：就是因為他們非常熱烈地鼓掌，我才挺傷心。朋友說：難道你不希望他們鼓掌嗎？他說：我希望的是看到他們朦朧入睡、似醒非醒、搖搖晃晃的狀態，但是他們沒有這樣，相反，他們很興奮。然後朋友繼續追問其緣故，他說：親愛的，我唱的是一支搖籃曲，本來是希望把大家催眠搖起來啊。

這就是內容和形式不一致，這就是期望和結果不一致，這就是表面和內在不一致，那麼這就是人的分裂。人分裂以後，沒有達成道家所說的這個一，那麼你的內在就有衝突，你就失去了內在和諧的狀態。所以我們要讓這個觀起作用，就要調整我們存在狀態的振動頻率。我們透過般若智慧來啟動這個觀照般若，啟動觀照般若就是要調整我們的身心能量振動狀態。我們要不斷地調整我們的身心能量振動狀態，最終和能量最高的本源達成一致，那麼我們就能見到自己的本來面目了。所以我們要啟動觀，就在這個觀的這種功能、這種般若智慧、這種觀照般若起作用的情況下，我們才能找到自己內在的神性，才能找到自己內在的佛性，才能擁抱自己的本來面目，才能起萬千妙用。

如果光有文字般若，而沒有配合觀照般若，那麼你學經典也沒用，做功課也沒用。如果我們只是在大腦層面相信這個經典，要修這個經典，但是我們實質上沒有啟動觀照般若，我們實質的身心能量振動狀態沒有發生變化，我們的能量振動頻率距離我們所期望的佛、菩薩的那種振動頻率很遙遠，那麼即使我們天天在誦經典，甚至把經典倒背如流，我們也依然是此岸的狀態。我們都希望透過經典從此岸到彼岸，因為彼岸連通的就是我們本然具足的自性。雖然我們每天從早到晚都在念經，但是如果念了經下來和沒念經是一個振動頻率，那麼就沒有任何實質的作用。

　　就像我們用電視機收看中央一臺，如果你沒有把頻道調好，那麼就算你坐在那裏看一整天，你所要的中央一臺還是不會出現。為什麼？因為你只是注重於看多長時間的電視，就好比你每天做多長時間的功課一樣，這些都是沒用的！當然，在初期的時候，不可能要求很高，你只要能夠在大腦層面把這個經典背下來，就給你點贊。但是如果你念經已經一年半載了，你還沒有啟動觀照般若，還只是在這個文字般若裏面打轉轉，那麼你的修行就是原地踏步。所以我們在誦持經典的時候，就要啟動觀照般若，改變我們的身心狀態，調整我們的能量振動頻率，最終要和佛、菩薩的能量振動頻率達成一致。如果你和佛、菩薩的能量振動頻率之間有很大的差距，那麼就算你天天念佛號，佛、菩薩也聽不見。就像我們收看電視一樣，即使你把電視機的聲音開得很大，或者換一個螢幕很大的電視機，但是只要沒有對準中央一臺的頻道，那麼你換多少電視機都沒用，你都收不到中央一臺。

為什麼說修學佛法不在於修哪一個法門，因為法門不重要，電視機不重要，關鍵是你要對準頻道。你沒讓你的電視機對準頻道，你卻怪電視機，而想換個電視機。換了之後還是沒對準，然後你又繼續換。最後你發現，你把天下所有的電視機都換完了，你還是收看不到中央一臺。有些人皈依佛法以後，整天這裏去拜，那裏去拜，一會兒學這個法門，一會兒學那個法門，整天在外求，卻從來不把心用在自己的這個觀照般若的起用上。很多人都是這樣，聽說哪個地方道場殊勝又跑了，聽說哪個師傅有神通又跑了，這就好比是不停地換電視機。你不停地換電視機也沒用啊，功夫不在換電視機上，而是要掌握怎麼樣對準頻道。

學經的關鍵不在於你拜哪個師傅，修哪個法門。你只要抓住任何一部經典深入下去，啟用觀照般若，最後都是一樣的。從來沒有說哪個師傅能夠幫你，佛都不承認祂能度眾生。佛都說祂只是啟發你的記憶，讓你自己修，自己度，自己證而已。佛都度不了眾生，你還去求哪個師傅能度你嗎？那是不太可能的事情。所以我們在修持文字般若的時候，一定要啟動觀照般若，要透過觀照般若不斷地改變我們的能量場。

122

第肆節 如何修心性

【導讀】修心性就是修我們心的能量特性，提高它的振動頻率，提高它的能量級別。如何提高它的能量級別呢？就是用平等心、清淨心、慈悲大愛之心來調整它。這就是實實在在的修行，不修自己這顆心，則空談是浮雲，一切成蹉跎。當我們能夠通過調整心態來提升這個能量級別，使我們的能量能夠在我們的本能中心、情感中心和理智中心裏面發生一種愛和慈悲的高頻率振動，那麼我們就能穿越層層後天知見的屏障，終能找回自己的本來面目！

當我們在誦經典、做功課的時候，我們的身心就是一個天線。讓我們身心的這個天線，讓我們身體的每個毛孔，都變得很空靈、很聖潔，這就叫皈依淨、皈依空。就是說要先歸到這個空的狀態。你不歸到空的狀態，你怎麼接收這個宇宙的頻道啊？你不歸到空的狀態，你就起不了妙用。我們做功課的目的就是要讓我們歸空，只有在這樣一個歸空的狀態上，我們才能夠接通我們的實相般若。那麼接通實相般若以後，我們就能夠感受到一種非常深厚的、非常深層次的喜悅、美妙、自在

123

和殊勝。這種狀態就好像沐浴了光的能量澡一樣，全身毛孔都很舒服。當你在初期調整自己的能量頻率的時候，如果一瞬間對準頻道了，你會得到剎那喜。因為一瞬間對準頻道以後，身上一個剎那喜就像閃電一樣稍縱即逝，你會覺得很舒服。

為什麼佛道兩家第一步都講空和無？為什麼《心經》講"觀自在菩薩，行深般若波羅蜜多時，照見五蘊皆空"？它也是講這個空。講這個空、講這個無的目的，是要帶我們進入一種定。這種定是先天的定，不是後天的定。後天的叫靜，比如說我現在要安靜一下，這叫靜。但是先天的是一種定，只要沒有後天的大腦意識、後天的知見起作用，我們能夠安住在真如自性之上，那麼這種狀態就是一種定，而且是大定，先天之定。你看每一個法門裏面都講定，要由定來生慧。但是我們在進入不了這個定的時候，我們講靜，這叫靜極生慧。就是說當你很安靜的時候，你的能量振動頻率也會發生改變。

當你啟動你的妄念，啟動你的大腦思維，整天東想西想的時候，這個能量是分散的、消耗的，它沒有聚集在一起。而沒有聚集在一起的時候，能量就很低。反過來，你只有在很空很靜的情況下，在這種能夠入定的情況下，我們才能夠跟我們的本來面目溝通上，才能夠和佛、菩薩聯繫上。為什麼要去除貪嗔癡慢疑呢？因為如果我們的腦袋裏面還有貪念、壞念、妄念，那麼我們的能量就是分散的、消耗的狀態，因此也就不起任何作用了。很多人沒有啟動觀照般若，即使做功課的時候狀態很好，可是把功課一做完，剛好遇到一個不順心的事，一下子整個能量狀態又掉下來了，一下子又冒火了。為什麼冒火了呢？因為我們啟動的依然是大腦意識知見。

　　當你依然在啟動大腦意識知見的情況下，哪怕有時候你有一種貌似的安靜，有一種貌似的妙用，但是實質上當你遇到考驗的時候，遇到一點小麻煩的時候，煩惱又起來了。所以大家要注意，沒有啟用觀照般若而啟用大腦思維來念經、做功課，你貌似能夠求得一個小時或者幾個小時的安靜，但是當你一遇到事，你馬上就起煩惱了。為什麼？因為你還沒有破除自己後天的思維意識機制。那麼在這種情況下修學有沒有功德呢？有，但是你的功德不大。

　　我們啟動觀照般若，需要修學什麼？我們需要修學平等心，修學慈悲心。為什麼？平等心和我們的本來面目，和我們的妙明覺性，和我們的真如意識是相應的，所以你看一切眾生平等。那麼這種相應性對我們的成長就會很有幫助。然後我們要修慈悲心，慈悲心也是跟這個真如相應的。但是我們現在根本就不理解慈悲，我們只懂一個愛。為什麼？因為用大腦意識想像出來的這個慈悲叫愛。就是說如果你啟動的是大腦意識，這個慈悲叫愛。如果你啟動的是真如本性，這個

125

愛叫慈悲。一切就看你啟動的是什麼？你用大腦意識來想這個慈悲，它出來的是愛。但是你在真如本性上想這個愛，它出來的是慈悲。慈悲就是在平等心基礎上的無私無我的愛。

我們啟用觀照般若，要帶著平等心，帶著愛心來啟用。因為在愛心的狀態下，在慈悲的狀態下，我們才能夠調整好我們的能量振動頻率，就像我們要對頻才能收看電視臺一樣。所以我們在做功課的時候，一定要帶著平等心，帶著慈悲心，讓自己的身心消歸自性，進入空無的狀態。你只有達到這樣一種狀態，這是一種和真如相似的狀態，但是在這種相似的狀態下，我們就能和佛、菩薩溝通上。所以修行裏面最關鍵的是什麼？最關鍵的就是調整我們心性的能量振動頻率，這個就叫修心性。什麼叫修心性？就是修我們心的能量特性，提高它的振動頻率，提高它的能量級別。那麼你如何提高它的能量級別呢？就是用這種平等心、清淨心、慈悲大愛之心來調整它。這就是一種很實際的修行，這就是在很實際地啟用觀自在的這種觀照般若。

我們已經有科學家用儀器把我們人處於不同心態下的能量級別測出來了。當我們鬱悶的時候，能量很低。當我們自信的時候，能量一下子變得很高。當我們歡喜的時候，能量很高。當我們痛苦的時候，能量很低。當我們充滿愛心的時候，能量很高。當我們處在一種很空淨的慈悲狀態的時候，能量非常高。

　　我們老祖宗造的字很神奇，你看那個心態的態，其繁體字是態，就是一個能量下麵一個心，就是說心的能量就叫態。然後其簡體字又改成了一個大字多一點，就是太。太是什麼意思呢？就是說這個能量很大，已經大到比大能量還要多一點，就叫太。它改成簡體字以後，又更強化了這個能量的狀態。所以繁體字和簡體字結合起來所表達的東西是不一樣的。當我們能夠通過調整心態來提升這個能量級別，使我們的能量能夠在我們的本能中心、情感中心和理智中心裏面發生一種愛和慈悲的高頻率振動，那麼我們就能穿越層層後天知見的屏障，我們就能找回自己的本來面目了！

【導讀】科學早已發現宇宙中的一切都是能量，而各種各樣的能量就叫因緣。人世間的一切都是幻相，都是因緣所生之法。大千世界都是由微觀粒子組成，分解到最後就是一個空。而空中生妙有，皆因一切背後的這個法所成。當你真正看明白了一切幻相背後的這個法，你也就能夠游戲神通了！

我們在穿越層層屏障的時候，並不是一下子就能穿越到我們的真如本性。我們穿越一層就突破一層，穿越一層就提升一層。經典裏面講，我們修學有五十二個位次，包括：十信位、十住位、十行位、十回向位、十地位，還有等覺位、妙覺位。其中在十住位上修行的菩薩重點修什麼？修的就是用這個觀照般若來觀空。祂的整個修行功夫就是看一切都是空。祂看這個人，空。為什麼？因為這個人是細胞構成的，細胞解體以後就沒有這個人了。就好比這個房子是磚頭堆起來的，把那些磚頭拆掉以後就沒有這個房子了。

十住位的菩薩觀空，祂觀大千世界都是這樣觀的。祂觀這個桌子，桌子裏面都是分子，把分子分開以後就是空氣。哪里有桌子呢？沒有。祂觀這個房子，房子在微觀上也是分子組成的，把分子分開以後，就沒有房子只有空氣了。在十住位上修行的菩薩就是以觀空為基礎。你不觀空，你就沒辦法起妙用。十住位就是有十個級別的觀空的修學，當把這十個級別都已經修到合格了，那麼這個時候祂就上升到十行位了。

修到十行位的菩薩就開始遊戲人間了。為什麼？因為祂知道人世間的一切都是幻相，幻相背後不就是一個基因、一張圖紙嗎？當按照圖紙把很多細胞堆起來成為一個人的時候，可以堆成一個女人、一個男人、一個老年人、一個青年人、一個少女、一個帥哥。十行位的菩薩看到的不就是這麼回事嗎？所以祂就覺得這一切都影響不了自己了。那個帥哥再帥也是細胞堆起來的，是按照裏面的圖紙堆起來的，祂知道那就是一個空了。因為祂通過在十住位的修行已經把這一切都看空了，現在祂就可以修十行位了，到了十行位就可以遊戲人間了。祂知道這個人世間的一切都是假的，都是因緣所生之法。

什麼叫因緣？就是各種各樣的能量就叫因緣。各種各樣的能量按照一個法組裝起來，就是一個帥哥、一個美女、一個老奶奶、一個老爺爺。祂已經看明白了，於是就在這個虛幻的假像裏面來遊戲神通。你說祂在空裏就什麼都沒有了嗎？有啊，為什麼沒有？有幻相啊。但是當這個幻相分解開以後，裏面什麼都沒有，全都是空。祂在十住位上已經看明白全都是空，而在十行位上則進一步知道了這裏有一個幻相，幻相裏面有一個法。就像基因一樣，把這些細胞堆成這個樣子看上去莊嚴，這個看上去很美，那個看上去有點醜，這個看上去身材還可以，那個看上去胖嘟嘟的，說白了不就這麼回事嗎？祂看明白了幻相背後的這個法，所以祂就能夠遊戲神通了。修到了十行位以後，祂所做的事都是夢中佛事、水月道場。祂就像做夢一樣的，透過這個幻相來經歷自己。

你看到十行位的菩薩已經很自在了，那麼祂這個自在是怎麼來的呢？祂這個自在就是通過觀而來的，所以叫觀自在。如果祂沒有前面十住位的觀空，祂怎麼可能有十行位的自在呢？祂是通過十住位的觀空，然後帶來十行位的自在。所以到這個時候，十行位的菩薩沒有煩惱。祂有什麼煩惱啊？你罵祂一頓，祂知道那是個空。祂知道你裏面有一個情緒，有一個因緣，然後組合了一個能量對著祂發氣而已。祂知道那是空的，沒有任何實在的東西，所以祂不生氣。

十行位的菩薩在一切受用裏面，沒有取捨，沒有得失，因此也就不生煩惱。這個就叫修，修假觀，修妙用，也叫玩遊戲體驗。祂是透過這個假的幻相來經歷生命，修行自己，提升自己。十住位的菩薩重點修空，而十行位的菩薩重點修幻。祂們都是用觀照般若起作用。如果你不是用觀照般若起作用，而是用大腦意識起作用，用大腦意識來想像經典，用大腦意識來想像修學，那麼你就不可能自在。

我看過一個笑話：有一個在工地幹活的人是修耶穌基督的，他幹了很多壞事，心裏面很不安。在修耶穌基督的這種修學裏面有這麼一種形式，也是一種慈悲眾生的方式：比如你幹了壞事，心裏面過不去，就去找牧師傾訴一下，懺悔一下。然後牧師說上帝會原諒你的，於是你就得到了安慰，還能夠繼續活下去。那麼這個在工地幹活的人是幹了什麼壞事而感到心裏不安呢？因為他幹活的工地上有很多建築材料，他每天都往家裏面搬一點。搬多了之後，他覺得心裏有愧，就去找一個牧師懺悔。牧師問他搬了多少，他說：不多，反正給自己蓋一棟房子是夠了。不僅給自己蓋房子夠了，給我兒子、女兒各蓋一棟房子也夠了。不僅給他們蓋房子夠了，我在小河邊再蓋一棟別墅也夠了。牧師說：我的天呐！你搬這麼多，罪業太深重了。我得給你想一個怎麼樣讓你贖罪的方法。想了半天以後，牧師問：你以前蓋過教堂嗎？他說：我沒蓋過，不過如果你能夠拿出計畫，我倒是可以搞到材料的。

這個笑話說出了一種心態：我們用大腦意識來修的時候，就會有一種自我欺騙的心態。一個人即使整天在念佛、在修行，但是他的欲望、貪婪都依然沒有去掉。他打著修佛這種神聖的旗號，私下裏幹的卻都是滿足自己的欲望、知見、我執的事情。所以修行永遠都是要啟動觀照般若，破除我執。如果你不啟動觀照般若把這個我執破掉，那麼你就會像剛才這個笑話中講到的那個人一樣。你看他跑到牧師那裏懺悔，懺悔完了以後並沒有真正悔改，而只是口頭上說了偷材料不對。牧師問他有沒有蓋過教堂，他卻說如果牧師拿出計畫，他就可以搞到材料來蓋教堂。你看他還是動了這個心思，他動的還是大腦意識的心思，而沒有啟動這個觀照般若。這個觀照般若是不動大腦意識的，就像燈光照物體一樣，只是照著你，把你照得明明白白。但是我沒有是非、美醜、對錯，我只是把你照明白。當我們用大腦意識來理解觀照般若，用大腦意識來理解神、佛，這都是所知障。

有一天晚上，一個媽媽讓一個五歲的小孩子打掃庭院。小孩說：媽媽，外面太黑了，我害怕。媽媽說：不要害怕，耶穌會保佑你的，耶穌無所不在啊。她講的耶穌無所不在，就像我們的妙明覺性，就像我們的法身，就像我們本然具足的真如，祂是瀰漫一切的。經典裏面是這樣講的，但是你用大腦意識去理解無所不在，就和真實的存在之間有很大的差異。媽媽說：耶穌無所不在，當你遇到困難的時候，祂就會出來幫你。小孩聽了以後，就把門開了一個小縫對著外面喊：耶穌，你在嗎？如果在的話，請把外面的掃帚遞給我好嗎？

這就是小孩所理解的耶穌，和我們大人理解的法性、佛性是一個道理。只要你是用大腦意識，你就不可能真正理解到這個經典的意思。你只能用你想像的意思來理解經典，那麼你就只能按照你想像的意思去做，最後你發現你也沒辦法觀自在。因為你的標準和上帝的標準不一樣，和天地宇宙的標準不一樣，你的標準是你的大腦意識透過經典分析出來的標準，這兩個標準是不一樣的。那麼到底用誰的標準呢？只能用上帝的標準，怎麼可能用你的標準呢？

【導讀】什麼叫一心三觀？你看一切是空，這是第一觀。你看一切是幻，這是第二觀。你看一切不空不幻，這是第三觀。不安住在空，也不安住在幻，空有不二，這就叫一心三觀，這就叫觀照般若。我們要在這種觀照般若的狀態下即空即有，不著在空有兩邊，這就叫不著相。二乘以下的小道一味修無想定，整天著在空裏面什麼事都不幹，這是很消極的。而真正啟用了觀照般若的菩薩，都在積極地利益眾生，積極地造作，積極地修福。所以佛法從來都不是消極的，佛法是非常主動非常積極的，是帶著般若智慧主動去追求。當你掌握到這個一心三觀的智慧以後，就沒有煩惱祇有自在了！

有一天，一個信徒問上帝：一千萬世紀對您來說是多久呢？上帝說：一千萬世紀對我來說沒有時間概念。我們在那個真如本性裏面也是沒有時間概念的，我們的第八識也是沒有時間概念的。不管我們所造作的是好事還是壞事，它們都在阿賴耶識裏面，就是第八識裏面，但是這個第八識裏面是沒有時間概念的。在我們這個空間概念裏面，我們的時間已經過了一千萬年、一億萬年、無數兆劫了，但是阿賴耶識裏面的這個因緣種子在因緣具足的情況下顯現出來的時候，它是當下的狀態，它沒有時間，在第八識裏面沒有時間。在我們的時間裏面，這個人傷害我已經千生萬世了，直到今天這個因緣才現前。但是當這個因緣從阿賴耶識進入我們這個身心的時候，這種感覺就是當下發生的感覺，沒有時間概念。

所以當這個信徒問上帝：一千萬世紀對您來說是多久呢？上帝說：一千萬世紀對我來說沒有時間概念，就算一秒鐘吧。然後這個信徒又問：一千萬美元對您來說是多少呢？上帝說：一毛錢。於是信徒很高興地說：請您給我一毛錢好嗎？上帝說：好啊，請你等一秒鐘。那就是要等一千萬世紀啊！這是一個笑話。這個笑話說明：當我們用大腦意識學經，而不是透過觀照般若來起作用的時候，我們的標準和上帝的標準是不一樣的。

我們的修學是在一切境界裏面修這個空。你不要去判斷對錯，你先修空。你連空都沒有修，還修什麼妙有啊？所以要按照次第來修，先修觀空，這是十住位菩薩的修行功課。你只有觀空，你才能不動心。為什麼？因為你不空，你就必然有知見，你就必然有是非。哪怕你這個知見標準是從經典上獲取的標準，這個標準也是你理解的標準，而不是經典的標準。雖然你宣稱經典就是這樣說的，老師就是這樣說的，但是實際上你是迷在這個文字般若裏面出不來了，死在文字般若裏面了。

我們要在一切境界裏面修不動心，這個不動心的意思就是空。只有空，你才能不動心，就是不起心、不動念、不分別、不執著、不判斷、沒有是非、沒有對錯。這就是修如如不動，修不取於相。你的這樣一個空的、不動心的狀態就叫入定了，這個定就會生慧，就會生圓明智慧。那麼這種圓明智慧越生髮的時候，你就越來越靠近真如，就越來越光明，最後就顯發出我們本然存在的清淨自性。當我們這種清淨自性、我們這個真心一現前，那就是佛。所以我們要修空，要觀空，就是要把心裏面的知見修得乾乾淨淨，一個妄念都沒有。什麼叫妄念？妄念就是是非對錯。你說這是對的，妄念！你說這是錯的，也是妄念！

你要先修自受用，你不先修自受用，你就沒辦法他受用。這就是為什麼十住位的菩薩先重點修空，十行位的菩薩再重點修幻。這個幻就是妙用。如果你沒有修空的基礎，你怎麼去修幻呢？當我們把自己這個心空掉，我們整天在三輪體空的狀態下又修福又修慧，這就叫福慧雙修。我們修了福又修了慧，但是我們還是三輪體空，還是乾乾淨淨，這就叫觀照般若。你整天都在修福德修智慧，整天都在造作，你比一般人都造作得更多，但是你始終啟用的都是觀照般若。你隨時隨地做了好事就空掉，做了功課就空掉，隨時隨地清清淨淨，不著一物，每天都是福慧雙修，但是每天你都不安住在你的修學上面，這就叫觀照般若。

觀照般若是什麼意思？既不安住在“空”上，也不安住在“有”上。什麼叫“空”？“空”就是沒有標準，沒有是非，沒有對錯。這是基本的層次，就是不起是非判斷，沒有知見。那麼什麼叫“有”？“有”就是幻，就是妙用。你修這個幻，修這個妙用，就是修你的福報，修你的功德。但是你一邊在修，一邊又把它觀空掉了。你整天都在做好事，但是你邊做邊空，一做完就空掉了。你不管是每天工作到十二點鐘，還是每天做好事，修福報修功德，你始終都在起觀。你既不在“空”裏面，也不在“有”裏面。

如果當你修空的時候，你整天在那打坐不出門，甚至找個地方閉關幾年不出來，那就是偏空了。但是如果你不修空，你又跟凡夫一樣，整天在名利情權裏面爭爭鬥鬥又出不來了。所以既不能夠安住於空，也不能夠安住於有，而要在這種觀照般若的狀態下即空即有。不著在空有兩邊，這就叫不著相，不取於相。我們去經歷，去造作，但是不取於相。所以你從這個地方就知道佛法從來都不是消極的，佛法是非常主動非常積極的，是帶著般若智慧主動去追求。二乘以下的小道、外道修無想定、修空，這是很消極的。他們整天著在空裏面什麼事都不幹，這是焦芽敗種所為啊！

　　只要真正是啟用了觀照般若的菩薩，祂都在積極地利益眾生，積極地造作，積極地修福。祂啟用這個般若智慧，是讓祂不迷在這個“有”裏面。菩薩要在“有”裏面利益眾生，要在“有”裏面遊戲體驗，這就叫觀自在菩薩。你怎麼觀呢？我們要一心三觀。哪三觀呢？你看一切是空，這是第一觀。然後你看一切是幻，這是第二觀。然後你再看，不空不幻，這是第三觀。不安住在空，也不安住在幻，空有不二，這就叫一心三觀，這就叫觀照般若。

　　我們這裏講第一觀、第二觀、第三觀，並不是把這個觀照般若分成了三個階段，而是把同一椿事情分成三個層面來講。從體上來講，它是空的，山河大地是空的，宇宙是空的，十法界的一切都是空的，連佛刹土都是空的。因為一切法都沒有自性，自性是空寂的。從體上來講，當體即空。但是空要起妙有，所以第二觀就是觀幻，借假修真，借假為用。那麼第三觀是即空即有，在這裏面遊戲神通，一會兒空掉，一會兒又有，一會兒空掉，一會兒又有。沒有任何煩惱，只有歡喜，只有自在，只有美妙。當你掌握到這個一心三觀的智慧以後，就沒有煩惱只有自在了。你整天所造作的全都是好事，沒有煩惱，這就是一心三觀的觀照般若智慧，也是我們中國文化裏面講的中庸之道。

第柒節　如何不留痕跡自在受用

【導讀】凡夫執著于有，雖然也有受用，但是受用之後就是煩惱。爲什麼？兩個人相愛了以後，受用了，也起執著了。于是當愛一別離的時候，愛別離苦就產生了。小乘的阿羅漢執著于空，雖然沒有煩惱了，雖然不輪回了，但是他也沒有自在妙用。菩薩是整天妙用不留痕迹，空有之間來去自如，這就叫如來如去。你且看，祂觀空，祂解脫，但是祂又起妙用。祂起妙用以後，祂又不留痕迹。祂整天享用，整天自在，沒有煩惱，沒有痛苦。所以佛法這種最高妙的智慧啓示給我們的就是：不管什麼事情，你都要不留痕迹、不起執著地去經歷，你才能够真正自在啊！

中庸之道就是不偏在兩頭。一個人如果能够達到不在空中，也不在有中，那真是太自在了。這就是觀自在，否則你怎麼能自在呢？但是智慧不够的小乘人執著於空，執著於那個體，雖然沒有煩惱，但是也沒有自在受用。他在空裏面，雖然不輪回了，但是他也沒有自在妙用。菩薩是整天妙用不留痕跡，空有之間來去自如，這就叫自如來自如去，簡稱如來如去。你看小乘的阿羅漢，他雖然有很清淨的受用，但是他這種受用是很小的。他的受用範圍也不大，沒達到遍虛空法界的受用，他這種僅僅是清淨的受用也不是遍虛空法界的。但是我們凡夫執著於有，雖然也有受用，但是受用之後就是煩惱。為什麼？兩個人相愛了以後，受用了，也起執著了。於是當愛一別離的時候，愛別離苦就產生了。

人生八苦從何而來呢？就是因為我們啟動了大腦意識的這種貪執原則。啟動了大腦意識的這種思維機制以後，心地就不清淨了。心地不清淨以後，你看凡夫整天都在掙錢，整天都在追求，整天都在攀緣，但是他們沒有自在。他們有受用，但是沒有自在，最後這個受用反過來成為一個韁鎖把自己鎖住。你看今天很多老闆為了有受用，拼命掙錢，為了發展專案不斷地貸款，不斷地放大自己的欲望。他不知道即時受用，即時空掉，而是不斷地放大自己的欲望，最後公司搞垮了，還背了一身債。本來是為了受用而去努力的，搞半天最後把自己套進去了。為什麼把自己套進去了？因為凡夫沒有這個般若智慧啊！

佛法啟示給我們的就是：不管什麼事情，你都要不留痕跡地去經歷，你就能夠自在，你就能夠圓滿。所以佛講的智慧是最高妙的智慧，你在人世間再也找不到這麼高妙的智慧了。祂觀空，祂解脫，但是祂又起妙用。祂起妙用以後，祂又不留痕跡。祂整天享用，整天自在，沒有煩惱，沒有痛苦。祂已經達到理事無礙、事事無礙、理事交融，祂在一切法裏面都遊刃有餘。所以從這個地方你就知道皈依佛、皈依法、皈依僧是多麼自在。你皈依佛，你隨時都能空掉。你皈依法，你隨時都能妙用。皈依僧就是皈依淨，就是皈依空，你只有皈依空，你才能大自在。你皈依佛，你就能安住在妙明覺性上起大用。所以佛講的三皈依是人生至高的追求目標，是無上正等正覺的追求目標，就是成佛。也就是把成佛概括成三皈依：皈依佛，皈依法，皈依僧。

　　一切都是能量變化的，觀自在要啟用能量，啟用觀照般若。你不啟用觀照般若，你的修學就不起作用。只有文字般若是不能起作用的，所以我們要啟用觀照般若。如果要啟用觀照般若，那麼就要調整我們的心性狀態。如果要調整我們的心性狀態，那麼就要瞭解我們身心的能量是怎麼演化的。這也是妙用啊，我們要知道妙用背後的這個法性是什麼，這就是皈依法。我們前面跟大家講了，人有五蘊，人有七重廟，同時我們人體還有七大能量中心。這些都是我們要瞭解的，都是內乾坤的妙用所體現出來的。我們人體的七大能量中心，也稱為七個輪子，是在身體裏面演化能量的輪子。演化能量就是不斷地調整能量振動頻率，這就是觀照般若的妙用。

　　在這七個輪子當中，其中這個心輪在胸口這個地方，剛好是在中間。它下麵有三個輪：一個是金剛輪，在我們的肚臍眼這個地方。然後下麵還有一個生死輪，在丹田這個地方。然後下麵還有一個海底輪，在會陰穴這個地方。我們把心輪下麵的這三個輪概括為本能中心。心輪的上面也有三個輪：在喉嚨這裏有一個變化輪、辯音輪，在松果體這裏有一個智慧輪，然後在頭頂上面一點點有一個梵天輪。這七個輪子能不能起作用，取決於我們是否掌握了心輪的奧秘。所以我們在心上下功夫，在心輪上起作用，就能夠調整好我們的能量，調整好我們的頻道。

那麼海底輪呢？阿賴耶識裏面的能量基本上就是通過末那識傳到海底輪，然後在我們這個身心上起作用。海底輪在會陰穴這個地方，是最基本的一個能量演化中心。海底輪主要是演化一種能量來維持我們整個肉身的生物電能的供應。我們的身體不是要靠生物電能的供應嗎？那麼這個生物電能就是從海底輪上演化過來的，這是一種物質性的能量。海底輪在三界內屬於物質範疇，它稱為色性。

什麼叫色性呢？就是物質性。我們都知道植物開花結果需要授花粉，授花粉就是陰陽兩種花粉要交合，要起作用。一陰一陽之謂道，沒有陰陽交合，植物就不會結果。雖然兩棵樹不能夠摟摟抱抱在一起交合，但是老天卻造化神功妙用，用蜜蜂來協助完成它們之間的交合。你看蜜蜂采花粉，從這兒采了又到那兒采，就這樣讓它們交合了。通過蜜蜂來給它們達成陰陽交合，這樣就讓大地繁榮起來，一切草木都能繁榮起來。這是初級的物質性能量，這個能量人人都有，動物也有，植物也有，山河大地也有這個能量。這個能量叫色性能量，它是我們吃五穀雜糧而在海底輪形成的物質性能量。

我們海底輪的這個能量是跟動物相通，跟植物相通，跟一切萬物相通的。它是屬於最低的物質性能量。雖然它是最低的物質性能量，但是它也是一個高靈性的能量。它是有靈性的，所以這個能量在海底輪起作用的時候，人就有衝動。比如看到美女帥哥的時候會衝動，就是這個能量在起作用。這個能量有一種朦朦朧朧的感知能力了，它看到男女之間的事就有朦朦朧朧的這種衝動，它有種感知。你不要小看這個能量，雖然它是物質性能量，但是它已經來之不易了。我們人被稱為四大之一。哪四大呢？就是道大、天大、地大、人大。人被稱為四大之一，人也被稱為天地萬物之靈。所以我們人在這個地球上，在這個生物圈裏面，我們是最高貴的。地球九大板塊的生命都是為人服務的，所以我們人所得到的這個海底輪的這點能量實質上也都是來之不易的。

為什麼說來之不易啊？花草樹木就相當於是能量加工設備，你知道花草樹木怎麼加工能量嗎？它們把根須紮在土地裏面，在土地裏面吸收水分、營養、礦物質元素以及各種各樣的能量元

143

素。這個大地無所不包，什麼都在裏面。我們人要享用東西，不可能直接吃泥土，那麼我們要怎麼享用呢？老天就有造化神功啊，給我們創造了這些花草樹木。這些花草樹木按照各自的特性從大地裏面吸收它們想要的能量，加上光合作用，然後把能量儲存在自己的果實裏面。就哪怕一棵草，它也在起一個能量加工的作用。植物的根部從大地裏面吸收能量，是按照不同植物各自的特性來選擇、吸收、加工這種能量，最後結了果實出來給我們人吃。你看我們人吃到的果實，都是通過花草樹木這樣一個機制，把來自大地裏面的各種能量不斷地提煉加工以後產生出來的精華，所以人很高貴啊。

【導讀】人體是一個非常精密的能量提煉加工系統，食物攝入人體後，被這套系統進一步提煉成高能量進入我們的海底輪。海底輪是一個能量演化中心，但是它演化出來的能量是動物性能量。所以你要提升它，那麼這個提升的工作就叫：煉精化氣，煉氣化神，煉神還虛。爲什麼打坐的時候要打雙盤？因爲你的雙盤一扣就把這個底盤封死了。底盤一封死，這個能量越來越多以後就祇能往上走了。依次經過人體七大能量中心的層層演化，你就能真正體會到更高級的享樂，這就是人體內乾坤的妙用！

我們吃的五穀雜糧、蔬菜水果就是來自土地裏面非常豐富多彩的能量經過提煉加工後的精華。我們吃掉以後還沒有完成這個過程，爲什麼？它只是原料，我們人體還要對它繼續進行提煉加工。我們人體本身就是一套非常科學的、非常精密的設備。我們人被稱爲萬物之靈，是因爲我們有高靈在裏面起作用。

我們把汲取了天地日月精華的五穀雜糧吃進去，在腸胃裏面消化分解，從中提煉出各種精華能量，然後以骨髓的形式儲存在骨頭裏面，所以我們的骨頭是倉庫。最後各種精華能量進一步提煉加工變成了血液，所以血液裏面有非常多的成分。當我們的血液加工系統加工不過來的時候，多餘的精華能量就繼續儲存在骨髓裏面。等到血液加工得差不多了，就又從骨髓裏面提煉精華能量，繼續加工成血液。

我們人體整個能量提煉加工系統就在裏面不斷地快速運行、演化，不斷地提煉成高能量。這個能量在身體經脈裏面不斷地轉動，然後又進一步提煉成高能量濃縮在海底輪。來到海底輪的這個高能量就是我們男女在性衝動時產生的這個精液。所以我們海底輪產生的這個具有物質性、色性的能量，其實已經來之不易了。

這個能量通過五穀雜糧、蔬菜水果汲取天地日月之精華，然後以食物的形式攝入人體，在腸胃裏消化分解，以及骨髓和血液之間的演化，然後慢慢地進入我們的海底輪，在這裏面產生了這樣一種高能量。那麼產生這種高能量以後是為了更高的妙用，它不是拿來滿足於男女之間的衝動就完事了，它有更高的用途。但是我們一般凡夫不太清楚這個用途，所以當海底輪的能量多了之後就要找個地方釋放。

你看今天有很多一夜情、亂倫，就是要釋放這個能量。海底輪是一個小倉庫，從身體裏面提煉的這個精華能量，不斷地輸送到海底輪這個倉庫裏面來，然後海底輪又不斷地再把它加工成靈氣這種精華種子。加工成越來越多的精華種子以後，海底輪這個倉庫就要裝滿了，裝滿以後人就開始衝動了。衝動以後人就要去找點事幹，就要到夜總會裏面去玩一玩，就要在情人節的時候玩點一夜情，就要把這個能量釋放出去。

我們一般人就是在海底輪用這個能量，就是以動物的形態用這個能量。因為動物就是在這個層面用能量，在海底輪用能量。植物也是在這個層面用能量，小蟲子也是在這個層面用能量，所以我們海底輪的能量屬性就是動物性。海底輪也是一個能量演化的中心，但是它演化出來的能量是動物性能量。所以這個時候你要提升它，那麼這個提升的工作就叫煉精化氣的工作。這個在道家講得好，道家把能量的加工叫：煉精化氣，煉氣化神，煉神還虛。這就是妙用，就是講我們人體內乾坤的妙用。人體內乾坤的妙用也離不開海底輪，這是最基礎的第一個輪盤。

那麼怎麼樣才能煉精化氣呢？要進入丹田，我們修行煉功要意守丹田。丹田就是我們的第二個輪盤，它稱為生死輪。為什麼叫生死啊？從液體變成水蒸氣，那就是生死。你看那水是液體，從液體變成水蒸氣，水不在了，不就是死了嗎？所以這個丹田叫生死輪，它是一個脫胎化骨的昇華。丹田就是煉精化氣的一個輪盤，它和海底輪不一樣，海底輪是演煉這種動物色性的男女精華的一個輪盤。如果你這一輩子只是啟動海底輪，那麼你就永遠是一個凡夫。如果你這一輩子能夠啟動丹田，那就不一樣了，你就能超越了。

啟動丹田就叫煉精化氣，道家的築基功裏面就講煉精化氣，不是把海底輪的這個液體釋放出去，而是把這個液體往丹田上引，一直往上走。為什麼打坐的時候要打雙盤？打雙盤的時候，你的雙盤一扣就把這個底盤封死了。底盤一封死，這個能量越來越多以後就只能往上走了，所以它就會衝開我們的第二個輪，就是我們在丹田的這個輪。衝開這個輪以後就能達到煉精化氣的作用。

當一個人達到煉精化氣的時候，就沒有男女之欲的需求了，或者還能夠做男女之事，但是已經不洩精了。為什麼？因為他的精都全部化成氣了，他只洩氣，但不洩精。他那時候也有快樂，他洩出來的是一股股的氣，但是他不洩精。既然不洩精了，所以他不會生凡胎，他也不用搞避孕了。因為洩精才會生凡胎，如果是洩氣，那麼就不生凡胎了。他洩這個氣也能夠達到一種很舒服的作用，同時他不會有生凡胎的麻煩。

如果你能掌握這個煉精化氣的功夫，你把丹田這個功夫一啟動，那麼即使兩口子之間天天這樣做，也一點都不洩精了。我們的計劃生育政策有限制，但是你這個人沒有修行，你還有男女之間的娛樂，結果一不小心就懷上了，你就會增加很多麻煩。所以我認為人們都應該掌握這門學問，都能夠把丹田激活從而達到煉精化氣的作用。你可以繼續正常的夫妻生活，但是它沒有任何後果，沒有副作用。

其實這些東西過去都屬於秘傳，都不往外傳的，但是我覺得這些秘傳的東西完全可以公開。很多人不願意把這些東西公開出來，覺得提到這些東西好像有點羞愧，不好意思提。其實人人都有必要掌握這門技術，這樣你才能夠煉精化氣。你能化氣了，就不漏丹了。不漏丹就是指不泄精，只是洩氣但是不漏丹。不過嚴格來講，洩氣也叫漏丹，你要達到煉氣化神的程度才算不漏丹。

所以你還要繼續把能量往上演化，你不把能量往上演化就化不了神。在沒有化神之前還會洩氣，但是洩氣和泄精不一樣。如果你泄精，你只是在一個小小的設備也就是海底輪這個範圍裏面快樂，你只是在這個下半身快樂，就是所謂的高潮。但是如果你洩氣就不一樣了，你是全身毛孔的快樂。你的氣從全身毛孔裏面泄出去，那個時候的快樂是八萬四千毛孔同時達到高潮，那就是煉精化氣後所能達到的美妙狀態。從我們人世間享樂的角度，它已經是更高級的享樂了，但是這還不是目標。

更高級的享樂是要把氣化成神，那種享樂更高級，那個能量更精微。在丹田這裏化成氣以後還不夠，這個能量還要往上提，還要把它化成神，化成神比較難。你要化氣還比較容易，只要老師會教，經過百日築基，基本上都能達到煉精化氣的作用，但是你要把氣化成神就比較難了。為什麼？你的能量要經過金剛輪，還要經過心輪，要通過這兩大輪盤的作用之後，它才能化成神。

【導讀】佛經中描述了佛體的形象是三十二莊嚴相、八十種隨行好，如此殊勝的佛體成就的奧秘就發端于我們的丹田，而丹田裏面原來隱藏了太多太多的奧秘。通過打坐修行，通過煉精化氣，通過陰陽交合，在我們的丹田裏面就可以修出靈光體。這個靈光體在道家稱爲元嬰，在佛家稱爲佛體。靈光體產生出來以後，如同小孩成長，需要錘煉很多很多的因素。體現在我們的身體上，就是我們海底輪的物質性能量，升華到丹田的瞬間而解體、演化、超越後，還要繼續往上面走。總共要經過十二個輪盤的全面提煉加工，才能最終成就你未來用于游戲神通、暢玩三千大千世界的游戲身！

　　我們的丹田是一個非常奧妙的設備，是一個煉精化氣的設備。但是它不是終點，它只是一個橋樑，它是溝通彼岸和此岸的一個橋樑。此岸就是色欲、色性。如果你所思所想的是男女之間的色欲，那麼你就是此岸的能量狀態。如果你要把此岸的能量狀態演化成彼岸的能量狀態，那麼你就要煉精化氣了。這個煉精化氣的丹田就叫死亡中心，所以當這個能量一進入死亡中心就化成氣了，就消失形象了。我們科學家發現了黑洞，這個黑洞就是這個外乾坤的丹田，任何東西一進到這個黑洞裏面就消失了。我們的丹田就是一個黑洞，所以被稱為死亡中心。

我們把海底輪稱為生命之洞，把丹田稱為死亡之洞。你看小孩出生就是來自於海底輪的這個精華能量，它是生命中心，所以海底輪被稱為生命之洞。而丹田是死亡之洞，它煉精化氣了，它把有形的東西化成無形了，就相當於死亡了，實際上是昇華了。它是粒子的排列組合不一樣了，就造成了這種死亡的現象，所以丹田被稱為死亡中心。

這個死亡中心被人類發現了，只要啟動死亡中心，人就會快速死亡。有的人自殺的時候，對準丹田一刀插下去，人馬上就死了，沒有任何痛苦就死了。自殺的人帶著微笑把刀往丹田一插，笑容都沒有改變就沒命了。為什麼？因為丹田就是死亡中心，所以這種方式是直接在死亡中心起作用，死亡的能量還沒有傳遞到面部，而且自殺的人還沒有死亡的恐懼。只有掌握了死亡中心這個奧秘的人才會從這兒死，這個奧秘是我們老祖宗發現的，但是沒有公佈給我們。

人們沒有掌握到這個死亡的奧秘，所以很多人是以上吊的方式來結束生命，就是用繩子來勒脖子。這個脖子不是生死輪而是辯音輪、變化輪所處的位置，人在這個地方要把氣憋掉，然後這個氣一直要把這個資訊傳遞到我們的丹田才會執行死亡。等它慢慢地傳遞到丹田的過程當中，人已經遭受了很強的痛苦了，所以人上吊死亡的時候很可怕，面孔猙獰。他不是一下子死掉的，他那個氣老是不斷，兩條腿在蹬，是在痛苦掙扎中死去的，所以死得很難看。

海底輪和丹田就剛好印證了佛教裏面講的生死觀，下麵的海底輪代表生，上面的丹田代表死，只有了悟生死，你才不怕死。為什麼？海底輪的能量屬於物質性能量，當它昇華到丹田的瞬間就解體了，解體以後它就演化了。演化以後它的意識還在，但是它沒有形了。沒有形了，它也就超越了，所以死亡實際上是不存在的。

在修行打坐裏面有一個內乾坤的妙用：當你煉精化氣，煉到丹田以後，這個氣會變成元嬰、聖胎，就是說打坐的人會修出一個靈光體。什麼叫靈光體？就是在丹田裏面生長出來的靈光構成之體。這個靈光體的眼睛、耳朵、鼻子等等什麼都有，但是它沒有腸子，沒有骨頭，它只是一個光體。它能說話，它什麼都可以做。當陰陽之氣在丹田裏面交合以後，就會結聖胎，道家叫結元嬰，就是在丹田裏面形成了靈光體。

道家說修行人的這個靈光體修到一定程度，修到一個小孩這麼大的時候，他就可以讓這個靈光體出去玩了。就是把他的意識移到靈光體上，他就可以出去玩了。他出去玩的時候，遇到牆就穿過去了，遇到玻璃就穿過去了。如果他的意識在肉身裏面就穿不了牆，但是如果在靈光體裏面就能穿牆。像過去道家的修行人就可以修出靈光體，修出元嬰。修出來以後，他就可以用這個靈光體出去玩，出去旅遊。如果沒錢乘飛機，他就可以乘這個靈光體出去玩，遊戲神通就是這樣玩的。

這個靈光體在道家稱為元嬰，在佛家稱為佛體。它非常重要，是你用於遊戲神通、暢玩三千大千世界的遊戲身。你的末那識用這個靈光體出去，可以遊三千大千世界。你的末那識用這個肉身，你只能在地球上玩。你的末那識用哪個身體，你就會得到什麼樣的自在和享用。所以通過打坐修行，通過煉精化氣，通過陰陽交合，在我們的丹田裏面修出靈光體的人，他的末那識的活動空間就不只是在人間享用了，他可以擴展到微觀維次上享用。那麼這就是我們講的第二個輪盤了。當能量演化到這種程度，就會在丹田裏面產生靈光體。

靈光體產生出來以後，沒有智慧也不行，所以需要曆練很多因素，能量還要繼續往上面的輪盤走。我們總共有十二個輪盤，在我們肉身上有七個輪盤，然後在肉身之外還有五個輪盤。我們要對這個能量進行全面的提煉加工，提煉加工之後才能夠成就一個三十二莊嚴相、八十種隨行好

154

的佛體。我們對這個能量的提煉加工就是通過這十二個輪盤來進行的，每一個輪盤有每一個輪盤的體，每一個輪盤有每一個輪盤的功能和作用。

我們為什麼要修這十二個輪盤呢？目的就是要調教這個能量。你不調教這個能量，將來它就不具備智慧，所以能量要繼續往上升。當升到金剛輪，就是肚臍眼這個地方的時候，主要是錘煉它的意志力。所以要把這個地方激活，激活以後人就會有很強大的行動力。這個地方被稱為意志中心，就是說一個人不管遇到多大的坎坷和麻煩，他都不會退縮。所以我們要在這個輪盤裏面培養這個意志力，就是要啟動我們肚臍眼的這個金剛輪，啟動它的力量。啟動了它的力量以後，你才能夠有堅韌不拔的意志力。我們肚臍眼這個地方是很重要的，它是一個能量很豐盛的地方，它代表力量。我們可以把它稱為力量中心，也可以稱為意志中心。

第肆講

真正掌握能量轉化提升的大學問

【導讀】如果一個人在人生的每個階段都沒有被干預，而是被尊重，那麼他就會非常淋灘盡致地經歷完自己的一生以後不再有遺憾了。當他沒有遺憾了，他就不會再留戀于這個紅塵裏面輪回了！生命之所以流連忘返地輪回，主要的原因就在于能量沒有在每個階段充分地經歷自己。每個階段的能量都或多或少地受到制約，所以他每個階段的成長和經歷都不夠充分。那麼就會在他的潛意識裏面種下遺憾，這種遺憾會萬古久遠地保存在阿賴耶識裏面。如果一個人覺得此生有遺憾，那麼當他離開這茬人生的時候，就會想重新再來一次，這就是輪回！

我們的能量要經過一個完整的成長過程，從物質性開始，它要不斷地往上成長，這是一個能量提升的旅程。它從海底輪開始，然後提升到丹田，到金剛輪，一直往上提升，總共要經歷十二個輪盤。這十二個輪盤就是生命提升的十二個等級，同時也是一個生命在不同層次上的生命狀態體現，所以我們對這個生命能量從來就不以好壞的角度來進行評價。比如說我們的海底輪，它是一個物質性能量中心。在這個能量中心裏面，它必然會產生男女之間互動的需求，這是一種非常美妙的能量互動的方式。這是在物質性這個層面，能量以這種方式來經歷自己。當能量在海底輪進行表達的時候，它會給人帶來一種非常喜悅非常美妙的狀態，這個階段的旅程是不可或缺的，但是它不是最終的旅程。

如果我們對生命能量在這個階段的這種經歷有是非對錯或者美醜觀念的話，那麼生命就會因為刻意回避而喪失了在這一層的體驗。能量這樣經歷沒有什麼問題，但是從我們修行的角度來看，我們卻一直對這個能量存在一些誤解。什麼誤解呢？有些修行人從師父那裏聽說這個能量可以往上提升到非常神奇的地步，而這個能量要往上提升的話就要斷欲，所以很多人就想斷這個欲，但是卻發現這個欲斷不了。而能量在海底輪這個階段的旅程有其相應的存在形式以及存在的必要性。就像人一樣，要經歷嬰兒時期、少年時期、青年時期、中年時期，還要經歷晚年時期，每一個時期都有各自的美，沒有說哪一個時期是最美的。同樣道理，能量在人體內乾坤縱向的旅程上面也沒有說哪一個階段的旅程是最神聖的，哪一個階段的旅程是最醜陋的，沒有這個說法。

一個人在嬰兒時期的生命是神聖的，然後當他上升到少年時期，他在少年時期的生命形態裏也是神聖的。當他上升到青年時期，他在青年時期的這種形態也是神聖的。我們不能因為生命在成長過程當中產生了焦慮、痛苦、負擔和責任，我們就錯誤地認為青年時期或者中年時期的這種生命形態不如嬰兒時期的生命形態。能量在不同階段都要經歷一個完整的自己，如果一個人在嬰兒時期的時候，我們不打擾他，讓嬰兒在七歲之前充分地經歷這個時期，那麼他就完完整整地經歷了自己。

　　過了嬰兒時期之後，就進入了少年時期，我們同樣也不要打擾他，讓他充分地經歷這個時期。一個人在少年時期可能會表現很衝動，但是這種衝動本身也是美，因為當你到了晚年時期即使你想衝動都沒有能量了，衝動背後是要有能量做支撐的。所以一個人有少年時期的衝動，同時也有少年時期的青春美好，這些都構成了生命在這個階段裏面所應有的完整性。我們不能夠帶著老年時期的理念去過多地干預少年時期的這種衝動。我們要尊重少年時期的這種能量，因為這本身就是神聖的。我們要引導這種能量，讓他在保持這種青春活力的基礎上去成長，在智慧上、在心靈上去成長。

　　嬰兒時期的小孩是一種天人合一的狀態，這種天人合一的狀態是非常神聖的。但是嬰兒時期的小孩沒有後天意識，他不能照顧自己，所以你還要慢慢培養他，讓他能照顧自己。到了少年時期以後，他就基本能夠簡單地照顧自己了，但是他又有青春的衝動在這裏面。生命在這個階段又有這個階段的美，所以我們要尊重他的這種美。然後到了青年時期，青年時期也有青年時期的美。青年時期的人比較驕傲，比較狂妄，但是這種狂妄本身也是一種美，我們要尊重他這種能量。到了中年時期以後，雖然中年人缺乏了青春的美，但是中年人考慮事情比較周全，人也比較穩重，所以中年人這個階段也是一種美。

每個階段的美都是不可替代的，每個階段的美都是神聖的，到了晚年時期也有晚年時期的美。造化是公平的，造化在晚年時期賜予了人非常豐富的人生經驗以及非常大的智慧，那麼這種智慧就是一種美。人在嬰兒時期沒有這種後天的智慧，但是嬰兒的肉體很美，他的靈氣很美。到了老年時期，他經過一生的歷練，在智慧上成長了，相對來說，老年人就要比年輕人智慧得多。所以人生的每個階段都是美的，我們要尊重能量在每個階段所應有的狀態，但是我們不能夠一直停留在某個階段的狀態上。比如說我在嬰兒時期，我就讓我的能量處在嬰兒的狀態上。當我已經是少年了，我就不能再沉浸於嬰兒的狀態上了，我就要完完整整地經歷我的少年。然後少年時期過去了，我進入青年時期了，那麼我就不能夠再留戀少年時期的狀態，我就要完完整整地融入到青年時期的狀態。

我們要讓能量在每個階段都完整地融入進去，融入到每個階段裏面就是全然地、淋漓盡致地經歷了自己，那麼我們就沒有遺憾，能量沒有遺憾。如果一個人的能量在嬰兒時期的時候沒有完完整整地經歷自己，就是說父母對他過多干預了以後，他就會覺得他的嬰兒時期沒有經歷完整，那麼他對童年就會有嚮往。到了少年時期、青年時期也一樣，如果他沒有被干預，而是被尊重，哪怕對於他的衝動、愚蠢我們都尊重的話，那麼他就會非常淋漓盡致地經歷完自己的每個生命階段。這樣的話，這個生命在完完整整地經歷完一生以後就沒有遺憾了。當他沒有遺憾了，他也就不會再留戀於這個紅塵裏面輪回了。

生命之所以流連忘返地輪回，主要的原因就在於能量沒有在每個階段充分地經歷自己。每個階段的能量都或多或少地受到干預，所以他們每個階段的成長都不夠充分，每個階段的經歷都不夠充分。那麼在這樣的情況下，就在這個潛意識裏面種下了這種遺憾。這種遺憾會萬古久遠地保存在阿賴耶識裏面。如果一個人覺得人生有遺憾，那麼當他離開這茬人生的時候，就會想重新再來一次。這就是輪回，這就是因為有遺憾！

我們上面講的是個體生命的成長狀態，包括了嬰兒時期、少年時期、青年時期、中年時期和晚年時期這五個階段。它跟我們外乾坤的成長歷史是一樣的，因為外乾坤的成長歷史也是包括五個階段：原始文明、農耕文明、工業文明、資訊文明，最後一個就是象徵老年階段的靈智文明。外乾坤也是分成五個階段來成長的，所以我們人融入在外乾坤裏面也是分成五個階段來成長。而我們人體內乾坤的能量則要經歷十二個階段，它就不是五個階段了。其中有七個階段基本上是在我們人體裏面經歷的，每個階段都有這個階段的能量給我們內乾坤帶來的豐富性。比如說能量在海底輪這個階段就是物質性和色性，由於這種物質性和色性，那麼一個人就會有男歡女愛的需求。他在海底輪的這種狀態本身沒有什麼醜陋可言，這本身也是神聖的。這就像一個人在外乾坤的嬰兒階段所經歷的狀態一樣也是神聖的，所以說這不存在醜陋的問題。

第貳節

能量給我們帶來大受用的奧秘是什麼

【導讀】能量在海底輪經歷自己，這沒有什麼錯，也是很神聖的。但是我們的錯誤就在于：很多人一輩子都是把能量全部停留在海底輪來用，那麼這個能量在內乾坤裏面就沒有得到升華。這就相當于無比珍貴的東西被糟蹋了，也辜負了這個人身存在的偉大意義。然而歷史上有很多修行人又走入了另一個極端：他們認爲能量停留在海底輪是很低級的，就想用斷欲的方式讓能量直接跳到丹田這個生死輪，于是他們就采取斷食的方式來減少能量從而讓自己的身心清净。這本身就是走上了錯誤的道路，因爲能量是越多越好啊，它能給我們帶來大受用！

　　修行人很多時候都有這樣一種偏見，就是認為一個人有色欲是很醜陋的。實際上他不明白，當能量處於海底輪這個階段的時候，海底輪的能量屬性就決定了它要以男歡女愛的方式來表達這種能量的喜悅和愛。能量用這種方式來表達自己，這本身是很神聖的，不存在醜陋。只不過我們不能夠一輩子都讓這個能量停留在海底輪，因為能量在我們人體內乾坤裏面要經歷完十二個輪盤才是大圓滿。我們的錯誤就在於：我們一輩子都是把能量全部停留在海底輪來用。那麼這個能量在內乾坤裏面就沒有得到昇華。這就是因為我們的般若智慧不夠，我們在內乾坤產生能量妙用的這個智慧不夠，所以我們就只是把能量停留在海底輪。雖然是停留在海底輪，但是海底輪這個階段本身也是神聖的。就像一個人一直停留在嬰兒的狀態，而沒有這個成長的階段，這是比較缺乏的一面。雖然他缺乏這個成長的階段，但是只要他在充分地經歷嬰兒狀態的時候，他也是美的。

　　能量在海底輪經歷自己，這沒有什麼錯，這是很神聖的。過去有的修行人不理解這一點，他聽說這個能量停留在海底輪是很低級的，應該往上走，於是他就走極端了。但是他在第一個輪盤都沒有去經歷自己，他就想直接跳到第二個輪盤，他根本就做不到。就像人還沒有經歷嬰兒時期就啪一下子跳到少年時期，這怎麼可能呢？有些修行人還沒有經歷過海底輪的這個能量存在方式，就想用斷欲的方式讓能量直接跳到我們的丹田這個生死輪，這只是一種想像而已。為什麼他想往丹田這裏跳呢？因為當他走進修行的法門以後，就知道了通過煉精化氣可以把能量提升一個級別。就是說把能量從液體狀態提升到氣的狀態，它的妙用就大不一樣了，於是人們就很嚮往。所以很多人在一知半解的狀況下，就想直接跳過海底輪，就想一下子往生死輪上跳，就想一步直接跳到煉精化氣的階段，那麼這種理解是有點偏激的。

你看過去在歷史上有很多修行人斷食。他們為什麼要斷食呢？因為他們發現：當食物攝入人體後，我們的能量提煉加工系統就會從食物中提煉出能量精華，然後慢慢地彙聚在海底輪。當能量在海底輪一彙聚的時候，人就必然會有男女之間的這個衝動。這個能量有衝動不是壞事而是好事，就是代表你裏面有能量。如果裏面沒有能量，你想衝動也衝動不起來。過去有一些修行人，他認為海底輪這個地方衝動不對，於是就開始走斷食的路線，不吃了，那麼這裏面就沒有能量了。有的人是一天吃一頓，有的人是三天吃一頓，有的人甚至一個星期才吃一頓。為什麼？他要讓生命裏面的這個能量保持在剛好夠用的狀態，就是能夠維持這個肉身的工作即可，而沒有多餘的能量儲存在海底輪。那麼這個時候他就發現他的身心清淨下來了，但是這種狀態是錯誤的。你用斷食的形式來讓你的身心清淨下來，這本身就是走上了錯誤的道路。因為能量是越多越好啊，但是他現在是通過減少能量來讓自己的身心清淨，這在歷史上是有誤會的。

你看世界上至今還有一些地方依然保留了這種修行方式，但是都被判作為外道修行，就是說他們不是正道。因為他們只是想要斷欲，就是斷除海底輪的這種能量衝動。他們想方設法地去斷

167

欲，後來他們想出的辦法就是減少身體的能量，於是他們就儘量少吃飯、不吃飯，甚至採取辟穀的方式。採取辟穀的方式以後，身體裏面就沒有多餘的能量了，因此也就沒有身體的衝動了。但是他依然還有色欲方面的意識，只是沒有身體的衝動了，就是說能量沒有衝動了。他就想用這種方式來避免男女之間的這種關係，但是這不代表他走的路是正確的。

　　能量要在海底輪這個階段經歷色性，這個階段就像嬰兒時期一樣，是能量朦朦朧朧的狀態。它朦朦朧朧的狀態本身也是美的，它也是造化神功賜予的一個生命狀態。能量在這個狀態裏面經歷自己是美的，但是它不能老是停留在這個地方經歷自己。它還要往上走，所以它還需要通過煉精化氣來往上走。當它通過煉精化氣往上走到丹田以後，這種色性的液體就化成氣了。化成氣了以後，它又變成一個氣體狀態的陰陽現象了，在內乾坤裏面變成五氣朝陽的狀態了。這時候一個人的精氣神在身體裏面產生的各方面感受都昇華了，也就是說他自己能夠體驗到身心內在的這種喜悅狀態的面積增加了。

　　當一個人的能量在海底輪的時候，他整個身心的喜悅狀態只是在海底輪這個範圍裏面。當能量往上提升以後，它在身心裏面帶來的這種身體舒服和美妙的面積就擴大了。隨著能量繼續往上提升，這種喜悅狀態的面積會擴大到整個本能中

168

心，甚至擴大到整個身心。他在本能中心經歷這樣一個能量擴大開來的、能量交互的內乾坤的享用，這本身也是一種美。我們把會陰的海底輪、丹田的生死輪和肚臍眼的金剛輪統稱為本能中心，這個本能中心是主要進行能量交互的地方，並通過能量交互帶來身體的喜悅或高潮。所謂的高潮就是觸電的感覺比較強烈，然後在身體裏面釋放出來的一種很舒服的狀態，那就是能量在本能中心上擴展出來的狀態。能量在身體內乾坤裏面產生、在細胞裏面擴大開來的這種能量觸動，就叫內觸。當能量升到丹田的時候，能量內觸的面積就擴大了。你會感覺到整個本能中心包括整個腰部這一圈都很舒服，裏面是五氣朝陽的感覺，身心很愉悅很舒服。這就是內觸現象，也是陰陽內觸現象。它帶來這種狀態也是能量在經歷自己，這沒什麼問題。

接下來我們講第三個輪盤，金剛輪。能量在金剛輪就有更充沛的體現了，金剛輪就在肚臍眼這個地方，胎兒和媽媽的胎盤也是通過這個地方的連接來獲取營養的。我們丹田的精華之氣升上來以後跟肚臍眼這個地方的能量相融合，然後本能中心這個地方就會激發出很強大的動力和意志力。肚臍眼在我們人體裏面是相當於生命能量的來源，它在地球上也有對應的地方，比如阿拉伯國家。阿拉伯國家主要生產石油，很富裕。為什麼在這個地方石油資源如此豐富呢？這個地方就相當於地球的一個肚臍眼，所以這個地方的石油資源就很豐富。

　　肚臍眼對應到人體背後有個穴位叫命門，這個命門就是死穴。這個死穴在本能中心裏面，它在這個地球上對應的就是百慕大三角洲。它相當於一個死亡空間，實質上也可以稱為一個通道。你看這個船開到地球的命門這個地方的時候，一下子就不見了。它裏面就是個通道，相當於我們的命門，就是我們身體裏面的門。就像這個黑洞裏面有一個時光隧道一樣，每一個時光隧道過去就有一道門。裏面有一道一道的門，每打開一道門就打開了一個維次，這裏面確確實實是有很多神奇的東西鎖在每一道門裏面的。

　　當我們的能量來到肚臍眼，跟命門這個地方一貫通的時候，就會通過命門把這個能量往高維次上擴展，把能量圈層不斷地擴展到高維次上去。也就是通過命門往裏擴展，擴展到微觀的更深層次。經典裏面講，我們人裏面有七層結構，實質上能量可以通過命門一層一層地往裏面擴展，然後能量從每一層身體的丹田往上走。走到肚臍眼這個地方的時候，因為這個地方能量更強大了，它就能夠穿越更大的維次，所以這個地方也被稱為運動中心、能量中心。它主要象徵能量，有很強的活力，我們在這裏面要經歷的是一種擴展開來的能量。只要是這個地方的能量激活得比較好的人，那麼他的活動能力、動手能力就比較強。

如果能量只是停留在海底輪，那就只是在男女之間的肉身這個層面來接觸。這個範圍就不夠深入，那麼它帶來的快感相對來說也就比較淺。如果能量能夠往上升，煉精化氣，然後還可以進入命門，還可以進入我們肚臍眼這個意志中心，那麼能量不僅會在我們身體上有一個更大的圈層擴展，甚至它還會通過命門往微觀上擴展。當能量往微觀擴展的時候，這個能量所接觸的範圍就越來越大，那麼這個能量帶來的這種歡喜程度就越來越深！

第叁節

快樂的源泉到底來自哪里

【導讀】爲什麼很多修行有功夫的人可以一整天坐在那不看電視也不玩微信？你覺得他無聊嗎？實際上他一點都不無聊。相反，他很享受！當一個人把本能中心激活的時候，他在那打坐不動就能够體會到一種非常深層次的快樂和喜悅。當修行人煉精化氣以後，當能量升到丹田再升到金剛輪以後，當能量在微觀上、在整個本能中心裏面不斷擴開圈層和陰陽交互的時候，能量在這種內觸的狀態下帶來的快樂己經遠超人世間的一切快樂了！然而在一個人的能量没有升華之前，你跟他講修行裏面的更高境界，他是理解不了的。

　　當一個人把本能中心激活的時候，他在那打坐不動就能夠體會到一種非常深層次的快樂和喜悅。你看他没動，但是他的能量在內部相互地觸動。這不是在外面一個男人和一個女人之間的接觸，而是在裏面接觸，是能量在內觸。男人和女人之間的接觸是外觸，這種陰陽交合會帶來快樂。而一個人的內觸裏面也同樣是陰陽交合，而且這種快樂會更大。為什麼？因為他的能量圈層擴開了，擴開以後他接觸的範圍更大了，所以他的內觸帶來的喜悅就更大，身心愉悅程度就更深入。為什麼很多修行有功夫的人可以一整天坐在那不看電視也不玩微信？你覺得他無聊嗎？實際上他一點都不無聊。相反，他很享受，他的享受甚至超過少男少女抱在一起從早啃到晚。

為什麼少男少女一衝動以後就經常要抱在一起？那是一種能量現象，那是能量想抱在一起。而且這種擁抱本身也是神聖的，那是尊重能量，你尊重能量就是神聖的。到了一大把年紀的時候，兩個人想抱都沒能量抱了。陰陽沒有在裏面交互，抱在一起幹什麼？他那時候已經沒能量了。而他有能量的時候，兩個人一擁抱，能量在裏面就有流動，有流動就有觸動，有觸動就會帶來一種生命的經歷。這就是能量經歷自己的方式。

在能量的般若智慧沒有增加之前，我們不能以是非去看待它。在海底輪這個階段的能量就像小嬰兒一樣。你看小嬰兒有時候自己拉的大便都抓起來吃，但是你不應該笑話他，因為這個時候他抓自己的大便吃也恰恰是一種美。你會發現他的這種行為是很純然的，是乾乾淨淨的，是一種沒有任何後天思維的童真。你不能說他是愚昧，他展現出來的就是這個能量階段的可愛，完全不帶成年人世界裏所謂的利益觀念。我們人世間衡量很多事情其實都是站在利益上的。我們只要不帶這種利益觀念，不帶這種名利情權，不帶這種後天的、庸俗化的東西進去的時候，我們充分地讓能量經歷自己，充分地讓能量表達自己，那麼它本身就是很神聖的。

　　能量肯定不能夠老是停留在海底輪。如果我們真正要修般若智慧，那麼就要瞭解我們內乾坤的妙用，就要通過一些方式讓能量往上走。能量從海底輪走到丹田，走到金剛輪，走到這裏就是在本能中心裏面能夠達到的一個非常好的妙用。本能中心的妙用主要就是能量交互的妙用，就是不斷地提升這個能量交互和內觸的維次深度。它進入丹田的時候，它交互的深度就提升了。它進入金剛輪的時候，它這種交互又更提升了，就是很多個維次同時在交互了。表面維次和微觀維次之間的能量就像水一樣蕩過去蕩過來，一個人就坐在那不動，裏面的能量就在交互了。他裏面就會產生一種生機盎然、非常喜悅的狀態，這就是一個人在入定的狀態下把這個輪盤打通了。

　　隨著一個人的定功入定的維次越來越深，他入定到一定程度以後所帶來的這種喜悅可以說是超級喜悅。他在越來越微觀的層面展開了陰陽交互，當進入四禪的時候，那美得不得了。其實進入一禪就已經很美了，進入一禪以後，能量已經在丹田這個地方起作用了，能量交互的範圍已經擴大了，所以一禪就已經很美很美了。進入二禪的時候，能量交互的範圍又擴大了，那時候就更美了。而進入三禪的時候就達到美的極點了，很多維次的能量都在交互，在內乾坤裏面生機蕩漾，所以進入三禪就能達到非常美妙、非常狂喜的狀態。

這就是內乾坤的妙用，能量要經歷自己就要走到這裏來。只要我們的能量能夠昇華到金剛輪，能夠往微觀拓開維次，基本上這個禪定功夫就相當高了。但是，一般人很難理解，就猶如下麵這個笑話中說到的情況一樣。

一只猴子在猴王爭霸賽當中被打敗了，即將被趕出猴群。猴子是群居的，裏面有一個猴王。只有在比賽中打贏的才可以當猴王，當了猴王就可以三妻四妾了，所有的猴子都圍著它轉。而打輸了就會被趕出猴群，獨自流浪。

神看到這只打輸的猴子很可憐，於是就告訴它說要將它點化成人，猴子非常感激。然後神就問它："把你變成人之後，你第一件最想幹的事情是什麼？"這只猴子想都不想就說："我變成人之後，我想幹的第一件事情就是拿把機關槍把猴王的王位搶過來，然後讓所有的母猴都歸我。"

這就是一只猴子的思維，是一種動物性思維。它這種動物性思維是挺好玩的，它處於猴子的狀態就只能是猴子狀態的思維。其實它變成人以後，就不可能去爭奪猴王的王位了。但是它現在的思維還是在猴子的狀態上，所以它想到的就是：一旦當了人以後，就找把機關槍把猴王幹掉，取代它的王位，然後所有的母猴就都歸它了。這就是能量還沒有昇華之前的一個想法。所以在一個人的能量沒有昇華之前，你跟他講修行裏面的更高境界，他是理解不了的。

過去有一個壽星，他是一個修行人。他修的功夫很高了，壽命也活得很長。有一個很有錢的人到他家去做客，就問他："老先生，您這麼高壽是怎麼保養的呢？您最快樂的事情是什麼？"這個有錢人的頭腦裏面想的是：只有美女和金錢才會帶來快樂。結果老先生說了半天，也沒有說到任何跟美女和金錢相關的事情。然後這個有錢人就想不通了，他說："您不喜歡美女嗎？"老先生一百多歲了，他說這輩子已經將近七八十年沒有接觸過女人了。這個有錢人心裏想：七八十年沒接觸女人，活這麼久也沒意思啊。我哪怕活短一點，我也要生活美好一點。所以他理解不了修行人！

當修行人煉精化氣以後，當能量升到丹田再升到金剛輪以後，當能量在微觀上、在整個區域裏面擴開的時候，當能量在這種內觸的狀態下帶來的快樂已經比他在外面抱著一個人還要快樂無數倍的時候，你說他還願不願意把能量耗費在男女之間的衝動上呢？他不願意了，他覺得沒意思：你那個是外觸，我這個是內觸啊。外觸和內觸都是陰陽接觸，不管是在裏面接觸，還是在外面接觸，只要陰陽接觸都會帶來快樂。

如果你的能量在猴子狀態上的時候，你理解不了人的思維。就好比神要把猴子變成人了，但是由於它用的還是猴子的思維，所以它還是執著於要搶它的王位。如果是站在猴王的角度，那的確是很風光的。因為這麼多母猴圍著它轉，三妻四妾的，多自在啊。但是，那只不過是它在猴子狀態上的思維啊。如果你的能量提升了一個級別，你的思維就變了。當你變成人了，你再看那個猴王，你明明可以取代它，你也不想這麼做啊。對不對？那不是你要過的生活嘛！

【導讀】唐僧到西天取經就是取如何讓能量往上提升從而帶來一個內乾坤妙用的經，這是一門關于能量轉化提升的大學問！我們的能量要怎麼樣才叫圓滿呢？能量真正要圓滿，就是它進入海底輪之後，要升到丹田，升到金剛輪，再進到我們的心輪，然後一直往上提升到我們的辯音輪、智慧輪、梵天輪，這樣就經歷完了人體的七個輪盤，最後還要再經歷我們人體以外的更高層面的五個輪盤。這樣它就完完整整地經歷了一個宇宙的旅程，這樣的能量才叫圓滿！

我們真正要取的經就是這個能量轉化之經，唐僧到西天取的也是這個經，就是怎麼樣讓能量轉化提升之經。道家叫斷白虎斬赤龍。比如說一個男人，如果他按照經典裏面關於內乾坤妙用的提升能量的方法來修行的話，那麼他修到一定程度就會斷了白虎。就是說他不漏丹了，不漏精了，因為那個精是白色的，所以叫斷白虎。斷了以後，他的能量就往內觸了。如果能量在海底輪那裏往下通道出去，它就屬於外觸現象。如果能量是往上提升，它就屬於內觸現象。實質上唐僧到西天取經就是取如何讓能量往上提升從而帶來一個內乾坤妙用的經。這是一門關於能量轉化提升的大學問！

五穀雜糧、蔬菜水果汲取山河大地及日月之精華，被我們吃了以後，通過我們的腸胃消化、骨髓提煉、血液循環，然後慢慢加工成海底輪的精華能量。精華能量又通過男女之間相結合的這種外觸而釋放出去了。釋放出去以後，這個能量又重新回到阿賴耶識了。就是說這個能量的旅程還沒走完就回去了。我們把大地比喻成阿賴耶識，能量從大地裏面出來，大地裏面的能量是沉睡的，它沒有意識活動狀態。當五穀雜糧、蔬菜水果植根於土壤，汲取了大地裏面的這種沉睡的能量並進行提煉加工以後，這時候的能量就開始有了一點點朦朦朧朧的靈氣，就是它開始帶有這種精神、意識在裏面了。所以當我們吃不同的蔬菜水果的時候，我們就能吃到不同的味道，這個味道就是它的精神。

我們吃的蔬菜水果其實都是從泥土裏面提煉出來的能量，這種能量已經昇華了，昇華以後已經有自己的特點和精神屬性在其中了。它有自己的精神屬性在其中以後，我們吃到的水果就有水果的味道了，我們吃到的各種各樣的蔬菜、糧食就都有各自不同的味道了。這個味道就是它這種提升上來的精神屬性，雖然是來自泥土，但是它的味道不是泥土的味道。它的味道已經是甘洌的味道，或者芳香的味道，或者酸甜的味道，不一而足。它已經變出各種味道出來了，就是說它的能量級別已經提升了。然後進入我們人體，在我們人體裏面通過我們的腸胃消化、骨髓提煉、血液循環，通過慢慢不斷地提煉，能量又更昇華了。

當昇華到海底輪成為很有靈氣的能量了，它就開始有審美了，所以看到美女帥哥就喜歡。它現在已經產生朦朦朧朧的意識了，有審美意識在啟動了。就是說這個能量會有這種精神活動在其中，它更有靈氣了。當能量從大地裏面開始旅行，一站一站終於旅行到我們的海底輪了，然後只要兩個人一擁抱，就會像觸電一樣有無限的快感。這就是能量在經歷自己昇華上來後一種蛻變式的體驗。如果這時候我們讓能量從海底輪流出去，那麼就相當於能量在這個旅程裏面經過千山萬水過來後通過海底輪一下子又流回大地了，又回到阿賴耶識了。那麼它的旅程就還沒有經歷完，所以我們要讓這個能量繼續旅行。

當我們把能量提升到丹田，就煉精化氣了。這時候不僅僅是提升了一個級別，而是提升了起碼一百個級別，因為煉精化氣以後能量已經有質的昇華了。然後能量再往上提升，就進入了金剛輪。這時候雖然它還是氣體狀態，但是它拓開的維度已經增加了，能量的靈氣也更足了。它不僅僅有男女之間這種衝動需求的意識在裏面，而且它裏面還產生了一種運動力、意志力，有一種更具生機的活力在其中了。就是說能量來到金剛輪的時候就具備更有活力的追求了。我們知道，本能中心包括三個階段：海底輪、丹田和金剛輪。如果能量到了金剛輪這個階段，我們不讓它繼續往上走，那麼它在本能中心就回去了。甚至如果我們的能量還沒有經歷到丹田，我們就讓它回歸大地了，那麼它的旅程就是半途夭折了。

　　我們的能量要怎麼樣才叫圓滿呢？能量真正要圓滿，就是它進入海底輪之後，要升到丹田，升到金剛輪，再進到我們的心輪，然後一直往上提升到我們的辯音輪、智慧輪、梵天輪，這樣就經歷完了人體的七個輪盤，最後還要再經歷我們人體以外的更高層面的五個輪盤。這樣它就完完整整地經歷了一個宇宙的旅程，這樣的能量才叫圓滿。如果你沒有完整經歷所有這些階段的話，那就不叫圓滿了。

　　當能量在本能中心這個階段你就把它處理掉，這是沒有智慧的做法。我們一般凡夫的做法是讓能量在海底輪就直接流出去了，它的靈性旅程才剛剛起步，你就讓它重新回歸大地了。能量在來到海底輪之前就已經有了靈性，但是靈性還不高，它在來到海底輪以後就有很高的靈性了。它的靈性旅程一般到了心輪就不會退轉了，但是到了金剛輪而沒有繼續往上走的話，它還會漏出去。如果我們能夠掌握這個乾坤妙用的般若智慧，我們讓它從海底輪升到丹田，再升到金剛輪，那麼它的靈性旅程就在這個本能中心升了三個大層次。這個時候它的靈氣就更足、更美了，它就更具活力了，然後它就會繼續往上升到我們的第四輪。

第四輪叫情感中心。當能量升到第四輪以後，就會在這個地方產生愛、藝術、詩歌、雕塑、舞蹈等等美的東西出來。所有一切愛和美的東西都要在這個第四輪裏面來經歷。當能量在我們這個本能中心經歷的時候，它只是經歷一種活力，它只是一種具有活力的靈性，但是它還沒有上升到美學層次。當能量上升到情感中心，它就會懂得愛，懂得去愛他人，它是基於愛去表達。如果能量在本能中心，它就不是基於愛去表達，它是基於一種本能去表達，是基於一種動物的本能去表達。但是如果能量進入情感中心以後，它就加入一種愛在裏面了，加入一種很高的精神品質在其中了。有了愛，才去表達；沒有愛，就不表達。

一般來說女性的情感中心相對比較發達。當女性的情感中心越發達的時候，她在追求男女之間的這種外觸現象上，就完全是基於：我是否愛你。如果我不愛你，我就不可能跟你在一起。為什麼？因為這個時候她的情感中心就開始起干預了，她會認為：沒有愛，幹那種事是很醜的。當情感中心激活以後，能量就要以一種非常美的狀態來經歷，以一種非常美的創造來表達。在這個階段能量要學會什麼？學會藝術，學會詩歌，學會浪漫，學會藝術性創造等等，所有這些都是能量在這個階段所要經歷的。

【導讀】當能量從海底輪升到丹田的時候就是煉精化氣了，而升到心輪的時候就是煉氣化神了。能量在氣體狀態的時候都已經很美了，它祇是以氣體狀態的交合都能夠在八萬四千毛孔裏面產生這種高潮。而能量在心輪煉氣化神以後就化成光了，這時候它進行的就是光這種層面的能量交合了。經典裏面講到，阿彌陀佛有百千萬億大光明，這就是祂的能量化的光。祂是百千萬億光的交合，這就是真正的極樂！如果你的能量能夠完完整整全部都從海底輪升到心輪，那麼你就能在自己的身上達到極樂！

如果你的能量能夠完完整整全部都從海底輪升到心輪，那麼你就能達到極樂！我們一般只要有愛的人，就會有少部分能量來到心輪這裏。尤其是情感中心比較發達的女性，她有少量的本能中心的能量會來到心輪這裏。因為她的能量沒有全部來到這裏，她還有一部分能量在海底輪，所以她海底輪的本能的衝動還會有。即使這種衝動還會有，這樣的女性衡量事物都是以愛為標準的。今天搞一夜情的人比較多，兩個人走在路上或者在網上偶然相遇，然後很快就去開房了。這就是因為他們所有的能量都還在海底輪，一點都沒有昇華到心輪，所以他們追求的就是本能中心那個欲望釋放的那種快感。

如果一個人能夠把海底輪的能量完完整整都提升到心輪來，那麼這個人基本上就是像菩薩一樣大慈大悲了，而沒有任何外在的男女之欲了。為什麼？因為海底輪的能量一點都不留了，全部都提升到心輪來了。我們的能量經過心輪的愛和慈悲的處理之後，它就化成神了。當它化成神以後，它進行的就是光這種層面的能量交合了。這就是煉氣化神，就是化成光了。光的交合和氣的交合分別帶來的快感是完全不一樣的。化成光以後就是光與光之間進行交合了，那個時候它裏面帶來的這種快樂，其細膩程度、精美程度就無法用語言去形容了。它在氣體狀態的時候都已經很美了，能量只是以氣體狀態的交合都能夠在八萬四千毛孔裏面產生這種高潮。

當能量昇華到我們的心輪，因為這個輪盤本身就帶有宇宙的這種慈悲屬性在裏面，那麼把心輪這個地方一激活，它就會和宇宙內在的這種慈悲屬性相連通。當和宇宙慈悲屬性相連通的時候，你的能量一升到這裏就自動變成大慈大悲的能量了。變成大慈大悲的能量以後，它就慢慢化成光了。化成光以後，它就是光和光相照映，這個時候它帶來的快樂就是非常精微、非常細膩的感受了。那種美就更深層次了，那種美是帶著非常超級的靈性、超級的精微體驗、超級細膩的觸摸。它是在光上的觸摸，而不是在氣上的觸摸了。

　　有些修行人可能在打坐當中會有佛、菩薩加持灌頂，會感覺到很暖和的一團氣從全身毛孔灌進來，這是灌氣。因為你的境界不夠，佛、菩薩就只能給你灌氣。但是如果你已經修出光來了，那麼當佛、菩薩要加持你的時候，就會給你灌光。那個時候你就能體會到灌氣和灌光分別帶來的美妙程度和享受程度之間是上億倍的差異，差異太大了，無法形容！所以我們的能量不能夠只是在海底輪就中斷了它的旅程，它還要繼續經歷它的旅程。我們要掌握內乾坤妙用的般若智慧，我們才能夠讓這個能量繼續往上走，繼續去經歷。

　　如果一個人的能量有80%來到心輪這裏，只留20%在海底輪，那麼這個人就會達到一種無欲無求的狀態。如果這個人還有配偶，那就可以用海底輪這20%的能量來滿足一下對方的需求。也就是刻意留一部分能量在海底輪那裏，不全部提上來。如果這個人把海底輪的能量全部都提到心輪了，那麼就一點性能力都沒有了。如果是男性的話，那麼他那個設備到時候就會往裏面龜縮了，因為海底輪那裏一點能量都不留了。通過煉精化氣、煉氣化神，就將能量全部化成光了。經典裏面講到，阿彌陀佛有百千萬億大光明，這就是祂的能量化的光。每一種屬性的能量就是一種光，而且光和光相交映。祂在那個狀態上的受用是我們凡夫沒辦法想像的，祂是百千萬億光的交合，這就是真正的極樂！就是說這種快樂已經是無法形容了，所以稱為極樂。能量來到心輪這個地方以後就永遠都沒有憂愁了！

這幾大輪盤我們不可能細講，因為很難用語言具體描述，我們只能概括地講。這裏面細膩的東西太多，要把能量在每一個輪盤上的狀態描述出來的話，那要描述很久。每一個輪盤都有每一個輪盤的能量體現狀態，我們概括地講一講，目的就是告訴大家：在內乾坤的妙用上，這個能量的旅程不能夠在海底輪就結束。如果我們的能量在進入我們的情感中心之前就結束了旅程，那麼這個旅程就是殘缺的。這個能量必須繼續往上升華，昇華到情感中心。它要經歷愛和慈悲，經歷藝術和美，所以這個時候它就能夠欣賞藝術，能夠感知到藝術的美，這也是生命豐富性的一種妙用。然後能量還要繼續往上走，要進入我們的第五輪。

第五輪就是我們的喉輪，又稱為辯音輪或變化輪。這個能量最開始從山河大地那裏來，經過五穀雜糧、蔬菜水果的提煉加工，變成了帶有自己思想和屬性的能量。然後以食物的形式攝入人體後，被人體這套非常精密的能量提煉加工系統

187

進一步提煉成高能量進入了我們的海底輪。這個時候它在外乾坤的物質旅程就已經結束了，它現在開始進入靈性旅程了。當它從海底輪一直升到情感中心的時候，它就要經歷愛，經歷美，經歷藝術，經歷詩歌。當它把這些都經歷以後，它就要開始表達了。

怎麼表達呢？因為它經歷了這麼豐富的東西以後，它就很想跟人分享。它在海底輪經歷的是男女之間的外觸，它覺得這個外觸大家已經都瞭解了，就沒必要和大家分享了。但是一進入第二個輪盤，它就發現不行了，這個地方的享受只有自己才知道。然後進入金剛輪，這種內在的能量往外擴展的交互現象就更神奇了。而這種神奇又跟別人說不清楚，但是自己知道很享受。當一個人處於這種二禪、三禪的境界上的時候是非常享受的，就是入定在那個場景裏面很舒服。舒服到什麼程度呢？無法表達，反正是太舒服了！所以當能量進入到金剛輪以後，就感覺到比兩個人在外面抱在一起的那種享受要快樂千倍萬倍。他對那種享受說不清楚有多美，只能說是男女之間抱在一起的那種快樂的千倍萬倍吧。

當能量進入心輪以後，它不僅僅有禪定的能量生機活力的美和非常美妙的快樂，而且它還有非常慈悲的大愛了。它在三禪的陰陽能量交合上，加上了慈悲的能量，它一下子就昇華成一種光了，昇華成光的交合了。那就是一種蛻變，翻天覆地的蛻變，由人到神的蛻變，就是已經化神了。這裏面又有慈悲，又有陰陽交互，又有非常神奇的生機活力，又有非常蕩漾的美感，那就是爽得要命了！那怎麼辦呢？他爽得要命就想跟人分享啊，於是他就要去激活這個辯音輪了。

激活辯音輪的意思就是：一個人要慢慢地通過激活辯音輪來達到辯才無礙的境界。就是說這個人義理通達、言辭流利，對一切事物都能善巧方便地表達。一個人在這個地方修出來以後，你給他任何東西，他都能給你講得周全。

而且這個輪盤還能夠變化，在這個地方也會有一個神通變化的妙用在裏面，所以辯音輪又稱為變化輪。比如說從一棵草到一朵花，從一棵樹到一只鳥，或者從一個動物到一個人，皆有豐富的能量變化的智慧在其中。

這個境界所對應的不僅是一種語言表達上的善巧，同時還有能量內涵的通達。但是即使到了辯音輪這裏，能量的旅程仍未結束，它的旅程還要繼續。

【導讀】能量在我們肉身裏面經歷，其中最關鍵的地方是在心輪。因爲心輪剛好在它的下面和上面分別各管三個輪盤，所以我們能否把心輪下面三個輪盤的能量引到心輪來，就取決于我們對心輪這個地方的愛和慈悲修行努力的程度大不大。如果我們在心輪這個地方修行的努力程度越大，那麼心輪下面三個輪盤的能量就會更多更快地被提升到心輪上來。心輪這個地方就是煉氣化神的一個關鍵環節，你要煉氣化神就必須要有平等的慈悲大愛。所以修行主要就是在這裏用心，我們在修行裏面最需要關注的就是修心性。

我們的第六輪在泥丸宮，稱為智慧輪。就是從兩眉之間往上一點對應進去，從百會穴對應下來，在大腦裏面交匯的地方有一個松果體，道家稱為泥丸宮。它是左大腦和右大腦匯合的一個中心點，我們要在這個地方達成左右腦兩種智慧的融合。右腦主要負責直覺、感性、藝術等等，左腦主要負責邏輯、理性、語言等等。當我們在這個泥丸宮裏面把左右大腦融合起來，就是說這個地方開智慧了。

我們的能量在不斷往上提升的旅程中，不僅要懂得陰陽擴展開來的美的互動，而且還要懂得愛、藝術，然後到了第六輪泥丸宮這個地方，能量還要掌握智慧。就是說能量通過這個旅程要經歷和學習所有這些東西，所以能量昇華到第六輪以後，它也要學習智慧，也要開悟。

第六輪這裏有一個松果體，經書裏面把它稱為天目。當越來越多的能量提升到這個地方來以後，這種高靈性的能量就會慢慢地把這個松果體軟化。我們的能量從海底輪往上升，有少部分能量是來到心輪的，也有少部分能量是來到我們這個智慧輪的，但是往往來得比較少。如果來得比較少，那麼它基本上起的作用就不大。所以我們要通過內在的般若智慧的妙用，慢慢地通過內修，讓能量全部都昇華上去，讓每個階段的能量全部都往上升。

我們在打坐的時候通過打雙盤就把海底輪關閉了，這就叫關地門。關地門就是把海底輪往下走的這個門關了，關了以後就要開天門了，開天門就是一層一層地往上開。能量進入丹田這個輪盤就是第二層天，然後進入金剛輪就是第三層天，進入心輪就是第四層天，再往上走就是第五、第六、第七層天了。就這樣慢慢地一層一層往上開，這就是開天門。能量一層一層地往上面沖，不斷往上沖，就把所有的能量都全部帶上來了。

能量全部帶到第六輪以後就很強了，它就會在裏面把這個松果體軟化了。我們的松果體在沒有軟化的情況下就像礦物質一樣很粗糙，就像那個松果一樣皺巴巴的。當能量把松果體軟化以後，這就叫開天目，就是讓它起作用了。相當於這個設備在這兒放太久而生銹了，你現在把鏽擦掉使其恢復光亮如新。這就是把天目激活了，就可以觀看不同維次的景象了。當能量到了第六輪這個地方以後，就相當於把左右腦結合在一起了，把推理能力、想像能力結合在一起了。如果一個人把推理能力、想像能力、直覺能力、感知能力都結合在一起了，那麼這個時候我們就說這個人開智慧了。

　　經歷了這六個輪之後，這個能量就要離開肉身了。離開肉身就叫回家，就要經過第七輪回家了。頭頂上面一點點這裏就是第七輪。到了這個階段，能量已經完成了在我們這個身心法器裏面的旅程。通過這個身心法器的六個輪子的加工，使它的活力變強，使它的靈性變強，使它充滿慈悲和愛，使它具備變化的能力、表達的能力，同時還讓它掌握了智慧。那麼這個時候能量就又有靈性，又有智慧，又有審美，又有意志力，各方面的元素都有了。

　　能量從丹田裏面煉精化氣，通過金剛輪就把它的意志力培養起來了。意志力培養起來以後，升到心輪，又把它的愛和藝術都培養起來了。昇華到第五輪的時候，又把它的表達能力、變化能力培養起來了。進入第六輪的時候，又把它的智慧也培養起來了。這個時候就代表什麼？代表它已經是同時具備靈氣、活力、智慧、審美的一個完整的能量，可以回家了。它怎麼回家呢？就是通過第七輪出去了，這就叫回家，能量回家了。

　　這個回家就是回到天國了，但是它上面還有五個輪盤，這五個輪盤我們留待以後有機緣再講。能量在這五個輪盤上還有要學習的東西，在最後一個輪盤要學習的就是三千大千世界的智慧周全的圓滿功課。這是最後一個輪盤，就是第十二個輪盤。能量在不同境界上都有要學習的東西，就是說能量要不斷地擴展自己，擴展到最後第十二個輪盤就是三千大千世界的智慧周全的完完整整的圓滿狀態。

　　這個能量從山河大地、從物質那裏開始，慢慢地往上升到海底輪。然後一點點地從海底輪煉精化氣到丹田，再到金剛輪，再到我們的心輪，具備了慈悲和愛。接著到辯音輪、智慧輪，然後就從梵天輪出去了。能量出去後就在外面的單元世界、小千世界、中千世界和大千世界的智慧裏面學習。學習到第十二個輪盤的時候，就是最後一個階段了，就是三千大千世界的智慧圓滿。那麼這個時候這個生命就真正地成為一個不管是法身、圓滿報身、百千萬億化身，還是根本智、後得智都圓滿的一個生命了。就是說能量經歷了這樣一個完完整整的旅程才算圓滿。

　　如果我們的能量到了海底輪就回歸了，它這個旅程實際上是半路就退回去了。如果我們的能量到了心輪就停止了，沒有往上升，那麼它也沒算完成旅程。如果我們的能量昇華到梵天輪出去了，但是上面的五個輪盤也沒經歷完，那麼它也不算圓滿。能量的靈性旅程分成十二個階段，每一個階段其實都是很神聖的，能量要完整地經歷自己就要把這十二個階段全部經歷完。能量在海底輪這個階段就是物質性，它跟我們山河大地這個物質性是連在一起的，所以我們的海底輪和山河大地這個機制是連起的。我們內乾坤有一個海底輪，外乾坤也有一個海底輪。外乾坤的海底輪也在轉動，它在轉動的過程當中才會讓花草樹木成長。我們的每一個輪盤都是內乾坤和外乾坤完整結合的，內乾坤有什麼，外乾坤就有什麼，它們都是對應的。

　　我們整個生命的物質性能量要通過它們在不同階段裏面不同的演化和提升而最終形成一個具有智慧、具有慈悲大愛的神性能量。這就是整個物質性能量昇華的過程，也是物質性能量經歷自己的過程，也是物質性能量修煉自己的過程。

　　物質性能量在我們肉身裏面經歷，其中最關鍵的地方是在心輪。因為我們這個心輪剛好在它的下麵和上面分別各管三個輪盤，所以首先我們能不能夠把心輪下麵這個本能中心的三個輪盤的能量引到心輪來，就取決於我們心輪的愛和慈悲，就取決於我們對這個地方的愛和慈悲修行努力的程度大不大。如果我們在心輪這個地方修行的努力程度越大，那麼下麵本能中心這三個輪盤的能量也就會更多更快地被提升到心輪這裏來。因為心輪這個地方就是煉氣化神的一個關鍵環節，你要化成神就必須有慈悲，必須有愛，必須有平等的慈悲大愛。

當你在心輪這個地方把這種靈性能量化成慈悲的能量，它就不會幹壞事了。而當它在本能中心的時候還會幹壞事，為什麼？因為它沒有智慧，沒有慈悲。它看見一個美女實在太美了就很衝動，就去找這個美女。但是美女拒絕了，於是它就開始使用暴力。這就是在本能中心裏面當能量還沒有提升，還沒有愛，還沒有智慧的時候，它就會很衝動地使用暴力方式去滿足自己的欲望。這個階段的能量雖然有靈性，但還是會傷害眾生。只有當它一直昇華到我們的這個情感中心，在這個心輪裏面化成慈悲的能量了，它才不會去傷害眾生。這個時候的能量才是安全的，它不會違背他人的意志去傷害他人。為什麼？因為它表現出來就是喜悅的，表現出來就是溫馨的，表現出來就是慈悲的，所以它就不會去傷害他人。

當能量昇華到心輪這裏之後，總體來說它就不會造業了，所以我們平時修行主要就是在心輪這裏用心。我們在修行裏面最需要關注的就是修心性，通過修心性就可以逐漸地把能量全部煉氣化神。化成神以後我們再把它往上推一下，它就回家了。心輪上面的三個輪就把它推回家了，這就是我們這個身心法器所具備的一個基本的能耐了。往上推一下，這個能量就回歸了。當能量回歸了，它就跳出輪回了！

【導讀】輪回說白了就是能量在輪回，能量在沒有真正升華之前就是還沒有開智慧的象生。當你的後天意識認同了能量在這個階段的衝動、貪婪、欲望，那麼這個能量就會和你捆綁在一起，從而跟它一起去輪回了。但是如果你通過身上的各個輪盤慢慢地往上提升這個能量，讓它化成靈性、慈悲、智慧的能量，然後讓它從我們的第七輪梵天輪出去，它就不再輪回了，這才是真正的接引象生！

　　你知道什麼叫輪回嗎？輪回就是能量在輪回。我們也可以把能量稱為業障。善業、惡業、無記業都是能量，實際上輪回就是這些能量在輪回。那麼為什麼一直都在說是你在輪回呢？因為我們創造了一個第六識，創造了一個我執，然後我們的這個我執認同了這個能量，從而也使這個能量沒有機會開悟智慧。在這個能量沒有開悟智慧的情況下，這個後天產生的我執就和能量是捆綁在一起的，所以當能量去輪回的時候，你這個意識也就跟著去輪回了。

　　實際上就是沒有開智慧的眾生在輪

回，這些能量就被稱為眾生，實際上就是它們在輪回。當你對這個能量認同，就是說你認同了這個能量的衝動、貪婪、欲望，如果你有一個後天意識對它認同，那麼這個能量就會和你捆綁在一起，從而跟它一起去輪回了。

我們講因緣和合，就是說能量是圍繞你這個自我意識來和合的。這個能量過來跟你合起，那個能量過來跟你合起，它們合在哪里呢？就合在你這個自我意識上，從而就這樣一起生生世世輪回了。如果你通過身上的各個輪盤慢慢地往上提升這個能量，讓它化成靈性、慈悲、智慧的能量，然後讓它從我們的第七輪梵天輪出去，它就不再輪回了。

能量就是你的因緣和合之物，沒有因緣它也不會來到你這裏。不管是蔬菜水果，還是五穀雜糧，如果它不是你的依報，不是你的因緣，它也不會被你吃掉。你的依報能量就在山河大地裏面，這些蔬菜水果、五穀雜糧就是你的依報能量。你的依報能量慢慢地旅行過來以後，進入你這個身心法器，然後通過在裏面一個輪盤一個輪盤地提升，那麼你就把它們超度了。

但是當你的依報能量過來了，如果你沒有智慧，你讓它從海底輪就出去了，它又回歸大地了，那麼就相當於你沒有度了它。它是你的依報，那麼它也就是你，所以你還要繼續度它，你要把它度乾淨。你的依報就是你的因緣，你要把你的因緣度盡。你要發四宏誓願，眾生無邊誓願度，你要把它們全部度完，你要把你依報裏面的所有因緣能量全部度完。你有一個沒度完，它也在流浪啊！所以你要昇華它，讓它回歸，從第七輪回去，這才是真正的接引眾生。這是我們從能量的角度來講接引眾生的真相。如果我們不是從能量的角度來講接引眾生的真相，那就是籠統地講接引眾生。我們的能量在旅行當中是很緊張很焦慮的，因為它無家可歸。而今好不容易你有肉身這樣一個身心法器了，所以你要讓它們放鬆，你要把它們都超度了。

有一天兩個帥哥在咖啡廳用餐，他們剛剛吃完這個餐點，女服務員就過來清理他們桌上的餐盤。她一邊清理一邊問他們：兩位先生，你們要點什麼飲料嗎？其中一個帥哥突然抬頭看到服務員是個大美女，一下子他就有感覺了，他就有點控制不住自己了，感覺有點神情恍惚。他在這種神情恍惚的狀態下就說：給我來一杯葡萄汁吧。服務員說好的，然後又轉向另外一個帥哥。她把身子靠過去，很自然地問他：你也是要一杯葡萄汁嗎？另外這個帥哥當時也意識恍惚了，就說：是的，我也來一杯葡萄汁。

這裏面有一個非常神奇的現象：兩個帥哥本來已經吃得很飽，不想消費了。但是一看到服務員是個大美女，血液就開始潮動了，就不由自主地要額外來杯葡萄汁。這是非常值得研究的現象。到底這背後是什麼樣的東西導致他們血液加速循環的呢？這就是我們要研究的這個能量，就是我們人體內乾坤的能量，但是我們很多時候對這個能量的感受是採取回避的態度。

在能量還沒有開發智慧之前，它有一種本能的朦朦朧朧的狀態。這種朦朧狀態會在身心裏面產生加速我們氣血循環的一個內在作用，這種內在作用甚至還可以帶來你這個身體的健康。不僅是帶來身心的愉悅，還會帶來身心的調節作用。正如前面講到的例子，對於能量發生在這兩個帥哥身上的狀態體現，我們往往把它理解成是因為這個美女，才讓這兩個帥哥產生了那種感覺。我們要慢慢地參悟內乾坤裏面這個能量的功用，但是很多人不敢參悟，為什麼不敢參悟？因為害怕被說成是色鬼。本來美女長成這樣是很神聖的，她裏面肯定有某種神奇的機制才讓她長成這樣的。如果沒有一個神奇的機制，她不可能長成這樣。但是我們對這個機制不感興趣，我們不研究它，我們只是發現這個外在的現象會帶來我們內在能量的一種衝動感受。

在能量還沒有長智慧之前，還沒有進入情感中心變成慈悲的能量之前，它還會讓人失控，人可能就會在無形當中傷害到別人。我們就開始給這部分能量注入一個道德觀念、美醜觀念，這時候我們欣賞一個美女或者帥哥就不是以一種神聖的心態去欣賞，而是帶著見不得人的一種醜陋的思想去欣賞。美女或者帥哥本身是很神聖的造化，但是我們在神聖的造化上加入了一些醜陋的道德觀念在其中。這原本是本能中心的能量自然呈現出來的非常純真的一種現象，它也是神聖的狀態，它也是非常美的狀態。但是這種神聖和美一旦加入了我們後天人的思想、觀念和是非進去以後，就馬上變得很醜陋。

美女或者帥哥長成這樣，是因為他們裏面有一個機制，用科學的語彙來講就是基因。其實就是他們裏面有一個機制讓他們長成這樣的，在經典裏面把這個機制稱為法。就是說一切裏面都有法，沒有這個法，這些細胞就不會被堆成這個造型，所以我們要皈依法。一棵草裏面也有一個法，把阿賴耶識的能量堆成一顆草的樣子。一朵花裏面同樣有一個法，讓這些能量堆成一朵花的樣子。一切裏面都有一個非常神聖的、妙用的法在起作用，從而堆出了一個帥哥，堆出了一個美女，堆出了山河大地，堆出了宇宙星辰，堆出了所有的一切。這就是因為有法的功用在一切裏面，所以我們要皈依法。

一切背後的產生萬千妙用的這個法是很神聖的，是不可玷污的。如果沒有這個法，就沒有這個相的顯現。就是如是性如是相，如是相如是性，沒有這個性就不會體現這個相，有這個相才能見這個性。所以相是性顯的，而性裏面就包含這個法。這個法應眾生因緣，應眾生心隨緣化現。但是你要知道這化現背後有一個神聖的法，祂根據眾生心應所知量來隨緣化現。所以這個法是不可玷污、不可加入我們人的觀念去評價的，祂很神聖，但是我們總是把祂搞得很醜。

我看見很多修行人連女孩都不敢看，甚至閉起眼睛走路，我就覺得有問題。為什麼？你沒有理解背後這個法的存在，你一定是有鬼，有後天的觀念、醜陋的思想，所以你才不敢看。如果你是像小孩一樣純真的狀態，那就是一種美。整個宇宙裏面一切都是美，因為一切都是法所成就的。所以我們要提升和改變的是我們醜陋的觀念，而不是說我們要去逃避這個真實的現象，它是真實存在的。宇宙中真實存在的一切就是一真法界。當眾生皈依在這個法上，那麼法應眾生因緣和應眾生心而呈現的這個相，也就是一真法界裏面這個法的顯化。當帥哥看見美女的時候為什麼會衝動呢？他衝動裏面也有一個法，沒有這個法，他怎麼可能衝動呢？所以你要研究背後的這個東西，你只有把背後的這個東西研究透了，你才能從當中跳出來，你才能超越它，你才能回歸事物的本來面目。

對於一棵草，你沒必要給它穿一件內褲；對於一棵樹，你也沒必要給它加一件外衣。它們本身就很美了，如果沒有這個法來呈現它們，怎麼會有這個相呢？它們的背後是神聖的，所以我們要不斷地提升自己。如果你不提升自己，就會停留在這個是非道德觀念上進步不了，我們不能把自己置於這種地步。你回避的東西會永遠存在，所以不能回避。即使是一個欲望，我們也要面對它。即使是一種衝動，我們同樣要面對它。衝動是神聖的，不要把它定義成醜陋。如果你把它定義成醜陋，你就看不到一真法界，因為它也是一真法界所顯的相。

【導讀】縱觀整個人類的歷史，如果我們祇是停留在肉身這個層面，它就僅僅是物質性能量推動演繹的一個欲望史。我們人類幾千年來生生世世都在物質性能量的推動下無明地輪回，却從來不去觀照背後的這種衝動。人們抵抗不住這種衝動，于是就在無明當中去追求這個欲望的滿足。如果你不了解這種衝動的背後原因是什麼，那麼你就不可能跳得出罪惡，你就會永遠活在罪惡裏面。如果我們不提升自己，而是整天恍兮惚兮的，就會讓我們的能量繼續停留在愚昧無知的朦朧狀態裏，從而虛度了大好的年華，重復着無明的輪回而永無休止！

有一個總統，在他的任期快結束時，發表了一個公開的聲明，說他不打算再幹這個行當了。記者們聽了覺得他話裏有話，就纏住他一定要問個所以然，請他解釋一下為什麼不想再當總統了。這個總統被逼得沒辦法只好回答說：因為當了總統，就再也沒有機會提升自己了。

這是一個笑話，但也是一個有道理的笑話。從某種角度來說，人其實都是因為目標而活著的。那麼人到底應該怎麼樣來確定自己的目標呢？我們把目標分成三個層面：肉身層面的目標、心靈層面的目標、靈性層面的目標。如果你在肉身層面當到總統了，那確實再也提不上去了，因為肉身層面的目標當中最高的級別就是當總統。但是我們不只是活在肉身層面，而是活在身心靈三個層面，所以我們在身心靈三個層面都要去提升自己，而且我們在身心靈三個層面都要有自己的目標。

比如說帥哥看見美女了會衝動，那麼他為什麼會衝動呢？這裏面就隱藏了一個他不知道的學問。如果他把這個衝動背後的運作真相搞明白，那麼他就開智慧了。如果我們不把背後的運作真相搞明白，那麼我們就沒辦法自在。年少時的我就曾經很不自在，只要對面走來年輕的異性，我都不敢看，而是隔很遠就低頭走開了。為什麼？因為心裏面有鬼啊！所以我們就要研究這裏面到底是什麼東西讓我不敢看，要把這個東西呈現出來，然後通過般若智慧的觀照使它覺醒覺悟，然後這裏面的能量就提升了，這才叫真正的觀自在了。

縱觀整個人類的歷史，如果我們只是停留在肉身這個層面，它就僅僅是物質性能量推動演繹的一個欲望史。我們人類幾千年來或者說一個人生生世世都在物質性能量的推動下無明地輪回，我們從來不去觀照背後的這種衝動，這就是無明。人們在回避這種衝動，但是又抵抗不住這種衝動，所以人們會在無明當中去追求這個欲望的滿足。如果你不了解這種衝動的背後原因是什麼，那麼你就不可能跳得出罪惡，你就會永遠活在罪惡裏面。我們修般若智慧的意思就是提升我們看待事物的觀點，不是用善惡知見來看待事物，不是用美醜知見來看待事物，而是用般若智慧來觀照。通過般若智慧來提升我們裏面衝動的能量，使本能中心的能量衝動現象昇華成一種慈悲的帶有智慧的覺悟現象。

　　我們講皈依佛就是皈依覺。什麼叫覺？覺就是一種真正有智慧的覺悟。我們講皈依佛、皈依法、皈依僧，換另外一種說法就叫皈依覺、皈依正、皈依淨。因為皈依佛就是皈依妙明覺性，所以皈依佛就是皈依覺。皈依法就是皈依正。什麼叫正呢？就是不帶是非觀念，隨眾生心，應所知量，隨緣化現所呈現的這個狀態。這個法是最正的，是最正之法，所以皈依法就是皈依正。就是皈依正法，而不是皈依邪法。什麼叫正法呢？不帶自己的是非觀念判斷的法就是正法，不帶自己的自我利益驅動的法就是正法，不帶貪嗔癡慢疑的這些意識的法就是正法。皈依僧就是皈依淨。實質上這個"觀自在菩薩，行深般若波羅蜜多"行的就是覺、正、淨。就是用覺、正、淨來提升自己，優化自己，使我們昇華上來。

　　這裏面有一個奧秘，就是怎麼樣使我們的能

量演化上來，達到佛的狀態，達到覺、正、淨的狀態。這種覺、正、淨的能量狀態就是充滿愛、充滿喜悅、充滿慈悲的。進入到這樣一種光的狀態，就是煉精化氣、煉氣化神之後的狀態，就是帶著光的愛、喜悅、慈悲的狀態。這種帶著光的愛、喜悅、慈悲的狀態，就是一種振動頻率非常高的狀態。就是這種非常慈悲、慈祥、美妙的狀態，讓我們能量的振動頻率提升上來，讓我們皈依到覺，皈依到正，皈依到淨，皈依到空。就是說我們要用這種心法來優化和提升我們的能量。

對修煉而言，除非我們能夠真正地明白這個觀照般若，而不是似懂非懂的，而且能夠真正地把這個般若波羅蜜多用起來，那麼我們才能夠真正地把一切愚昧的能量轉化成有智慧的自在的受用。但是這個最大的功用是要用大愛，用真誠，用真心調動我們整個身心來提升這個能量。我們隨時都要在心輪這個地方守住一顆大愛心、真誠心、至誠心。這些心都是不帶任何是非觀念的，就是純純粹粹的非常純真的大慈大悲。其實，後天的這種是非觀念在某種程度上也包括人這裏被公認為道德範疇的一些觀念。如果我們不是這樣來提升自己，而是整天恍兮惚兮的，我們就會讓我們的能量停留在它自己的朦朧狀態裏，從而虛度了大好的年華。

人有很多的幻相，這些幻相就是在無明當中我們的依報或者跟我們有因緣的這些能量。這些能量是處於朦朦朧朧的愚昧無知的狀態，所以我們要通過有意識地運用這種觀照功夫和般若智慧，通過有意識地守護我們的心輪使其始終處於充滿愛的狀態，從而有意識地來改造和提升我們這個能量。真正地提升能量就是要化除我們後天的思想觀念。為什麼要修觀空？如何才能觀自在？觀自在首先要觀空，就是要空掉我們後天的知見，空掉我們後天的觀念，空掉我們後天的是非、善惡、美醜，這些東西都是垃圾。

但是我們不能整天把自己封閉起來，也不能夠像凡夫一樣整天在這個虛幻裏面忙碌，而是要真正地能夠理解這個真如理體。這個真如理體裏面就是講本性空寂，這就是《心經》裏面講的“觀自在菩薩，行深般若波羅蜜多時，照見五蘊皆空”，你要認識這個本性的空寂。

我們是從“假”裏面起用的，而“假”又是從這個空性的體上來起用的。所以我們要有這個內外乾坤的妙用，這就像這個十住位的菩薩重點修“空”，而到了十行位的菩薩則重點修“幻”，這就是如幻三摩地遊戲神通。這就是講空有不二，整個宇宙無量佛剎土也都是空生妙有。然而無量眾生卻又因不懂般若智慧而迷失，墮於幻中而不得解脫。本來是為妙用而入於幻，最後這個幻反而成了枷鎖。

那麼，我們學習這部《心經》的首要目的，正是為破除一切幻，讓一切痛苦、煩惱消歸自性，然後再空生妙有起妙用！